DEUXIÈME

Congrès National

DE LA

COOPÉRATION

SOCIALISTE

Tenu à LILLE

Les 29 et 30 Septembre et 1er Octobre 1901

LILLE

Imp. ouv. P. Lagrange, 28, rue de Fives.

1902

DEUXIÈME

Congrès National

DE LA

COOPÉRATION

SOCIALISTE

Tenu à LILLE

Les 29 et 30 Septembre et 1er Octobre 1901

LILLE
Imp. ouv. P. Lagrange, 28, rue de Fives.
1902

DEUXIÈME CONGRÈS NATIONAL

DE LA

COOPÉRATION SOCIALISTE

➤●○●◄

Circulaire envoyée aux Coopératives avant le Congrès

Citoyens Administrateurs,

Conformément à la décision prise par le premier Congrès national et international des Sociétés coopératives socialistes qui eut lieu à Paris en Juillet 1900, nous avons l'honneur de vous informer que le deuxième Congrès national et international aura lieu cette année dans l'ordre suivant :

1° Le Congrès national se tiendra à Lille, les 29 et 30 septembre et premier Octobre prochain, dans la vaste salle de la Coopérative l'*Union de Lille*, rue d'Arras, 147, Lille ;

2° Le Congrès international aura lieu à Bruxelles les 2 et 3 Octobre, dans les locaux de la *Maison du Peuple*.

En raison même de l'importance de ces deux Congrès, nous espérons que pas une des sociétés coopératives françaises et étrangères qui, comme nous, poursuivent ardemment l'émancipation des travailleurs par les travailleurs eux-mêmes, ne saurait se soustraire au devoir et à l'obligation qu'il y a pour elles de se faire représenter à ces congrès par le plus grand nombre de délégués possible.

Déjà, depuis l'année dernière, c'est-à-dire depuis la tenue de notre premier Congrès national et international, un nouvel élan semble se manifester d'une façon générale, dans toutes les coopératives qui se réclament des principes fondamentaux du socialisme.

Par l'action et la propagande sans cesse exercées par nos camarades de la Bourse des Coopératives socialistes de Paris, par les relations constantes et suivies qu'ont entre elles les sociétés coopératives des différentes régions, nous pouvons espérer que l'heure est proche où toutes les coopératives se confondront dans une union solide, qui fera de la coopérative une vaste organisation dans laquelle le prolétariat y trouvera, momentanément en attendant son émancipation et sa libération complète, nombreux avantages et aussi un certain mieux-être.

Ce sera le prolétariat tant méprisé par la bourgeoisie hautaine et vide de sens moral, démontrant à ses adversaires de classe qu'il est mûr pour son émancipation, qu'il sait conduire ses affaires lui-même et surtout qu'il sait les mener à bonne fin.

Il appartient à vous tous, citoyens coopérateurs, d'achever l'œuvre commencée et de couronner, par vos efforts, la réalisation du but que nous nous efforçons d'atteindre.

En même temps que nous sollicitons l'adhésion de votre société à ces deux Congrès, nous vous invitons également à nous aider dans la confection de son ordre du jour, en voulant bien nous indiquer avant la fin du présent mois d'Août, dernier délai, les questions qui vous paraitraien susceptibles de pouvoir être discutées dans ces assemblées.

Il sera tenu le plus grand compte des renseignements que vous voudrez bien nous faire parvenir.

Déjà différentes questions, dont plusieurs émanant du Congrès de Paris et d'autres de différentes sociétés nous sont parvenues, telles que :

1. — Création d'une Bourse Nationale des coopératives socialistes de consommation de France ;

2. — Elaboration des statuts-types pour les sociétés adhérentes à la Coopération socialiste ;

3. — Création de pharmacies coopératives ;

4. — Création de magasins de gros sous la responsabilité morale et financière des Fédérations, et entente commerciale entre ces organisations pour l'approvisionnement des dits magasins ;

5. — Création d'une meunerie coopérative.

Cet ordre du jour n'étant pas définitivement arrêté, sera complété au fur et à mesure que les sociétés nous feront parvenir d'autres questions, d'ici la fin du mois, date à laquelle chaque société en recevra un exemplaire.

Comme vous le voyez, citoyens, par l'ordre du jour ci-dessus, ces Congrès ne manqueront pas d'importance pour le mouvement coopératif, si tous nous y apportons de la bonne volonté et l'appui de nos connaissances spéciales.

CONDITIONS D'ADMISSION AU CONGRÈS

1. Seules seront admises au Congrès les sociétés coopératives reconnaissant les principes fondamentaux du socialisme et pouvant justifier, preuves à l'appui, d'avoir versé des subsides à la Caisse de la propagande socialiste depuis le dernier Congrès. (Décision du Congrès de Paris 1900.)

2. Chaque société adhérente devra adresser sa cotisation avant l'ouverture du Congrès, dont le montant est fixé à cinq francs au-dessous de 500 membres et dix francs au-dessus, afin de couvrir les frais occasionnés par ces Congrès.

3. Les délégués devront être munis d'un mandat régulier, c'est-à-dire signé par le Président, Secrétaire ou Administrateur délégué et portant

le timbre de la Société qu'ils représentent; chaque délégué recevra en échange de son mandat une carte portant le nom de sa société ou fédération, et son nom personnel.

4. Le nombre de délégués par société n'étant pas limité, un seul aura voix délibérative et ne pourra représenter plus de cinq sociétés à moins qu'il ne soit mandaté d'une Fédération constituée. Dans le premier cas, comme pour le second, les délégués ainsi mandatés devront verser autant de cotisations qu'ils représenteront de sociétés (voir art. 2 décision du Congrès de Paris 1900). Dans aucun cas, les délégués ne pourront avoir plus de voix que de cotisations payées. Nul ne pourra être délégué s'il n'est coopérateur.

5. Les séances du Congrès auront lieu le matin à neuf heures et le soir à deux heures.

6. Le Bureau du Congrès se composera de : un Président et deux assesseurs élus à l'ouverture de chaque séance ; quatre secrétaires élus au début et pour la durée du Congrès.

7. Les propositions faites en dehors de l'ordre du jour arrêté au 1er septembre devront être signées et déposées sur le bureau du Congrès. La Commission des résolutions fera un rapport sur leur prise en considération; en ce cas, le Congrès ordonnera, s'il y a lieu, la discussion après épuisement de l'ordre du jour.

8. Des cartes seront mises à la disposition des sociétés coopératives adhérentes au Congrès, mais à titre d'auditeurs seulement, et ne permettant pas de prendre part à la discussion. (Prix de la carte, 0.10.)

9. Les diverses commissions seront chargées d'établir un compte rendu des travaux du Congrès qui sera mis à la disposition des sociétés et personnalités s'intéressant à la coopération, au prix déterminé par le Congrès.

Toute contestation non prévue aux présentes conditions sera tranchée par le Congrès.

Citoyens,

Nous vous prions de bien vouloir nous faire connaître, avant fin août, les questions que vous désireriez mettre à l'ordre du jour, en dehors de celles précitées et de nous retourner le bulletin d'adhésion ci-contre avant l'ouverture du Congrès.

Recevez, citoyens, notre salut fraternel.

Pour le Comité d'organisation :
Le Secrétai e, H. SAMSON.

ORDRE DU JOUR :

1° Vérification des mandats ;

2° Création d'une Bourse Nationale des Coopératives socialistes de consommation de France ;

3° Elaboration des statuts-types pour les sociétés adhérentes à la coopération socialiste ;

4° Création de pharmacies coopératives ;

5° Création de magasins de gros sous la responsabilité morale et financière des Fédérations et entente commerciale entre ces organisations pour l'approvisionnement des dits magasins ;

6° Création de meuneries coopératives ;

7° Désignation du siège et de la date du troisième Congrès national et International.

8° De l'assurance coopérative ;

9° La coopération socialiste (Fixation du subside à la propagande socialiste, décision du Congrès de Paris 1900).

10° Questions diverses.

PREMIÈRE JOURNÉE

Réception des délégués

Dès onze heures et demie, bien que l'arrivée des délégués fut annoncée pour midi, une foule compacte se pressait dans la salle des Pas-Perdus à l'arrivée et sur la Place de la Gare de Lille.

A la porte de la salle d'arrivée se trouvent déjà la fanfare des trompettes *Les Travailleurs*, la chorale enfantine de l'*Union de Lille,* comprenant une soixantaine d'enfants des deux sexes, âgés au plus de 9 à 11 ans, sous la direction de leur chef, M. Delarroqua.

Puis viennent la chorale d'hommes et la fanfare de l'*Union de Lille.* Chacune de ces sociétés est précédée de son drapeau.

A midi 20, les délégués de Paris, de Choisy-le-Roi, de Passy, etc., arrivent en gare.

Aussitôt le cortège se forme. Le citoyen Samson, qui les a reçus à la descente du train, prend la tête du cortège et on se dirige vers la Mairie.

A l'Hôtel-de-Ville

Le cortège, au son de l'*Internationale* et de la *Carmagnole* suit, entre deux haies de curieux fort nombreux, les rues Faidherbe, des Manneliers, la Grand'Place, et arrive à la Mairie au milieu d'ovations enthousiastes. Non seulement la musique joue, les clairons sonnent, mais mieux, le peuple chante l'*Internationale.* Des applaudissements éclatent le long du parcours ; cela tient du délire.

A la Mairie, les délégués sont reçus par le citoyen Delory, maire, entouré de son Conseil municipal, dans la splendide Salle des Mariages.

Le citoyen Samson présente les délégués venant, dit-il, de tous les coins de la France. Il rappelle qu'il y a quinze jours, les délégués du Congrès socialiste de Roubaix avaient été reçus avec autant d'honneurs dans la même salle. Il déclare que les délégués sont venus, en ce Congrès, sceller la vitalité de l'organisation ouvrière. Il termine en signalant la présence de la citoyenne Marie Bonnevial, déléguée. En la remerciant, il remercie en même temps la Municipalité du bon accueil qui est fait aux congressistes.

Le citoyen Delory prend ensuite la parole et après avoir, en termes chaleureux, souhaité la bienvenue aux délégués, il fait remarquer qu'au début de l'organisation de la classe ouvrière et dans l'espoir de canaliser l'effort des travailleurs, la bourgeoisie elle-même préconisa l'organisation des associations coopératives, mais cela n'a pas duré.

En effet, lorsque les socialistes qui, au début, s'étaient méfiés de cette forme d'association en raison de ce qu'elle avait les sympathies bourgeoises s'aperçurent qu'il était possible, en en changeant l'esprit, de la faire servir à la propagande des idées d'émancipation du travail et se firent coopérateurs; l'on vit les défenseurs du régime capitaliste brûler ce qu'ils avaient adoré.

C'est donc pour nous une raison de persévérer dans l'attitude que nous avons prise.

La plupart des socialistes comprirent que la classe bourgeoise se serait servie de ces associations de coopération pour combattre toute organisation politique.

Il dit qu'il est heureux de souhaiter la bienvenue aux congressistes et leur souhaite que leurs travaux s'accomplissent avec succès.

Il termine en faisant des vœux pour que les travaux du Congrès soient fructueux pour la classe des déshérités.

La citoyenne Marie Bonnevial demande ensuite la parole et dit que la femme vient de plus en plus au socialisme, grâce au concours, non seulement des délégués, mais aussi de tous les coopérateurs.

Elle est heureuse de voir, à la réception, les soixante enfants de l'*Union de Lille* et les remercie.

Puis elle termine en remerciant la municipalité de la bienvenue qu'elle a souhaitée aux congressistes.

Puis les vins d'honneur sont offerts, et on a trinqué à la santé des coopérateurs.

Le camarade Guillemin tient à remercier la municipalité de son bon accueil, puis le Maire termine en disant que la municipalité travaillera toujours, comme elle l'a fait jusqu'ici, dans l'intérêt des contribuables, qu'elle ne faillira jamais au programme du parti et que, dût-elle abandonner la Mairie, elle n'acceptera jamais de violer l'intégrité de ses principes.

Le citoyen Béghin tient à remercier aussi la municipalité d'avoir voté un subside de 3.000 francs pour le Palais du Travail.

Avant de quitter la salle de réception, le citoyen Delarroqua réunit les jeunes membres de la chorale enfantine de l'*Union de Lille*, et leur fait chanter l'*Hymne au Premier Mai*, qui est tellement bien rendu que tous les assistants applaudissent à tout rompre.

Le chant terminé, le cortège se reforme pour se rendre

A l'Union de Lille

Il passe, clairons sonnant, tambours battant, et fanfare jouant dans les rues de la Vieille-Comédie, la rue de Béthune, la place Richebé, la place de la République (côté de la Préfecture), la rue Gambetta, les rues Henri-Kolb, des Postes, de Wazemmes et d'Arras.

Tout le long de ce grand parcours, une foule immense a applaudi l'*Internationale* et la *Carmagnole*, jouée par la fanfare de l'*Union de Lille*, et le chant du *Drapeau Rouge* chanté par tous les congressistes.

Tout le monde applaudit ; des chapeaux, des casquettes se lèvent au passage des délégués. Quel enthousiasme !

Arrivés à l'*Union de Lille*, les délégués sont reçus dans la splendide salle des fêtes.

Le public y est admis et il est vraiment difficile d'y trouver une petite place.

Le citoyen Samson remercie les délégués d'avoir répondu à l'appel du Comité et termine en disant qu'il faut travailler à obtenir toutes les réformes et toutes les améliorations que la société bourgeoise ne peut ou ne veut nous accorder.

Le citoyen Guillemin lui succède ensuite à la tribune et tient à montrer à tous les camarades coopérateurs de Paris et au-delà ce qu'a pu faire le prolétariat du Nord. Il résume les travaux effectués dans l'immeuble de l'*Union de Lille*, et leur fait admirer la salle des fêtes, etc... Soyez unis et groupés, dit-il, et vous arriverez.

Tout le monde se rend ensuite à l'ancienne salle des fêtes, où le vin est offert à tous.

Une première réunion sommaire a lieu à l'effet d'examiner immédiatement les pouvoirs des délégués et, à cet effet, une commission est nommée, composée de trois membres qui sont les citoyens Gallet, Fray et Wellhoff.

Les cartes sont remises ensuite aux délégués, et chacun se donne rendez-vous pour l'après-midi, à l'effet de visiter les organisations socialistes de notre ville.

DEUXIÈME JOURNÉE

Séance du Matin

La séance est ouverte à 9 heures 3/4.

Le citoyen Samson, secrétaire du Comité d'organisation, ouvre la séance et demande que jusqu'au moment où la Commission de vérification des mandats aura donné connaissance de son rapport et fait voter ses conclusions, ce soit la Commission d'organisation du Congrès qui constitue provisoirement le bureau. Cette proposition étant adoptée, les citoyens Samson, Dompsin, et Notterman prennent place au bureau.

La parole est donnée au Secrétaire de la Commission de vérification pour la lecture du rapport de la dite Commission.

Commission de Vérification

RAPPORT

La Commission, après avoir examiné les mandats des quarante-sept Sociétés ayant adhéré au Congrès national de la Coopération socialiste, a remarqué que tous ces mandats donnent lieu à une observation générale dont nous nous entretiendrons tout à l'heure.

Trente-et-une sociétés ayant donné leur adhésion ne donnent lieu pour la désignation des mandataires à aucune observation.

Sept Sociétés : L'Espérance des Ve et XIIIe arrondissements, Paris ; L'Économie Fraternelle ; La Famille, du VIIe arrondissement ; La Société économique de Choisy-le-Roi; La Force ouvrière de Neuilly ; La Revanche prolétarienne de Carmaux ; La Fédération ouvrière de Besançon, ont envoyé leur adhésion et n'ont pas désigné de délégués.

Quatre Sociétés : La Ruche du XIVe arrondissement, Paris ; Les Persévérants de Saint-Denis ; Les Travailleurs d'Ivry-Port ; L'Égalité de Poissy, dont les adhésions ont été envoyées par la Bourse Nationale des Coopératives n'ont pas mandaté de délégués.

Une Société : La Coopération socialiste de Paris dont le délégué régulièrement mandaté ne s'est pas présenté et est remplacé par un autre sans mandat.

Enfin, une Société : l'Avenir Béthunois dont le mandat donne lieu à une protestation du Parti ouvrier français que nous avons le devoir de vous soumettre.

Trois Coopératives belges ayant envoyé des délégués, nous ne poupons oublier qu'il s'agit ici d'un Congrès national ; nous estimons donc que les camarades belges venus parmi nous seront les bienvenus, mais qu'ils ne pourront avoir que voix consultative dans nos délibérations.

Nous avons reçu également une dépêche du citoyen Bouveri demandant pour les Coopératives de Montceau-les-Mines leur admission au Congrès mais n'ayant reçu ni adhésion, ni mandat, il nous est impossible de nous prononcer.

Toutes les Coopératives représentées se sont conformées à l'article 2 des conditions d'admission, mais votre Commission nommée pour la vérification des pouvoirs n'a pu, pour aucune d'entre elles, dire si elles sont dans les conditions requises par l'article 1.

Par conséquent, tout en laissant le Congrès se prononcer pour les questions citées plus haut, elle l'invite également à examiner si toutes les Coopératives se trouvent bien dans les conditions requises pour être admises.

La Commission de Vérification :
GALLET, FRAY, WELLHÔFF.

Le citoyen Delory demande la parole et dit qu'il est important de savoir si les Coopératives adhérentes se sont bien conformées à l'article 1 du règlement.

Le citoyen Guillemin, en tant que secrétaire de la Bourse des Coopératives dit que toutes les Sociétés y adhérentes acceptent intégralement le règlement de la Bourse ainsi conçu :

1° Accepter les principes fondamentaux du socialisme, lutte des classes, entente internationale des travailleurs, socialisation des moyens de production ;

2° Verser 0,05 par an et par membre à la Bourse coopérative ;

3° Verser à la propagande socialiste 0,10 par an et par membre ;

Chaque société a l'autonomie la plus grande pour dépenser ces sommes au mieux des intérêts des travailleurs.

Par conséquent, dit Guillemin, ces sociétés peuvent être régulièrement représentées.

En ce qui concerne les coopératives adhérentes à la Bourse nationale, des coopératives n'ayant pu faire parvenir leurs mandats en temps utile à la Commission organisatrice, il dit que sans vouloir critiquer l'envoi de la circulaire, il considère qu'elle est arrivée un peu tardivement. Par ce fait, certaines sociétés n'ont pu convoquer, même d'urgence, une réunion générale pour nommer leur délégué. En conséquence, elles ont dû se borner, au dernier moment, à prier les camarades de la Bourse qui étaient délégués à Lille de les représenter également.

En ce qui concerne *La Famille*, le délégué désigné ne peut assister au Congrès, par suite des exigences de son travail.

Deux autres ont envoyé samedi seulement leur mandat mais, par mégarde, il les a laissés à Paris.

D'autre part, la Bourse ayant reçu trop de mandats pour le nombre de délégués qui devaient assister à ce Congrès, il a cru bien faire de les répartir à d'autres camarades, en espérant que cette façon d'agir serait acceptée.

Le citoyen Delory, en raison des observations données en ce qui concerne les versements opérés pour la propagande socialiste, demande qu'il soit établi un tableau des sociétés adhérentes au Congrès et qu'en regard du nom de chacune il soit porté les sommes versées pour la propagande socialiste.

Le citoyen Guillemin dit que le dernier bulletin de la Bourse portant le nº 41 a commencé à donner cette liste et que certaines sociétés ont déjà donné beaucoup plus que les 0,10 par an et par membre votés au Congrès de l'année dernière.

Le citoyen Wellhoff dit que la question doit être très nettement posée. Guillemin disait tout à l'heure que les sociétés ayant donné leur adhésion à la Bourse des coopératives étaient dans les conditions requises pour être admises. Il faut que le Congrès stipule si cette condition est suffisante ou si ces sociétés doivent verser à une organisation politique.

Il cite les coopératives du Nord qui versent à la Fédération du P. O. F.

Le citoyen Ivo Van Waerebeke demande ce qu'il faut entendre par versements à la propagande socialiste. *La Paix* a versé 1.500 francs pour les mineurs de Montceau-les-Mines. Serait-ce assez pour qu'elle soit admise ?

Le citoyen Delory dit que d'après la décision du Congrès de Paris les versements pour grève ne sont pas comptés.

Le citoyen Van Waerebeke. — Il faut donc verser pour l'action politique proprement dite. A Roubaix, nous avons créé une société *Les Enfants du Peuple* qui fait de la propagande socialiste et à laquelle nous versons des fonds. Nous ne comptons cependant pas cela comme des versements à la propagande.

Le citoyen Guillemin. — Nous n'acceptons à la Bourse nationale des coopératives que les sociétés qui font adhésion aux principes fondamentaux du socialisme et qui s'engagent à verser 0,10 et 0,05 par an et par membre.

Chaque société est laissée libre de faire ce qu'elle veut de cet argent; certaines l'emploient en achats de brochures, journaux à lancer, et si l'on excepte les versements pour les grèves, toutes les décisions du Congrès de Paris sont respectées.

Si nous n'avions pas pris cette décision, nous aurions eu beaucoup plus de sociétés adhérentes. Si je voulais faire des reproches, je dirais que les sociétés coopératives du Nord n'ont pas accepté, elles, les décisions du Congrès en ce qui concerne le versement de 0.05 par an et par membre, car aucune ne m'a envoyé de fonds.

Le citoyen Delory, au nom de tous les délégués du Nord, dit que le secrétaire n'a qu'à envoyer une note de rappel à chacune des sociétés adhérentes et nul doute qu'à sa réception elles répareront ce malentendu dû à un simple oubli.

Le citoyen Guillemin accepte cette observation.

Le citoyen Béghin. — Les coopératives du Nord ont elles accepté les deux francs par membre pour l'assurance coopérative ?

Le citoyen Samson dit que la question a été renvoyée à l'étude par la Fédération du Nord jusqu'à ce que la Commission d'Organisation lui ait fourni des renseignements précis sur le fonctionnement de cette société. Il rappelle au Congrès les paroles prononcées à ce sujet par le citoyen Béghin lors du Congrès d'Avion.

Béghin dit qu'il a expliqué non seulement la décision du Congrès de Paris, mais qu'il a expliqué le fonctionnement de l'assurance coopérative, en raison du manque de connaissance des délégués.

Samson. — Tant que l'assurance coopérative ne sera pas entrée dans une période d'organisation plus active, les coopératives du Nord font toutes réserves.

Guillemin demande qu'on revienne à la question.

Samson dit qu'en ce moment on discute sur la question de savoir si les coopératives présentes ont bien respecté l'article 1 du règlement du Congrès et donne la parole à Guillemin pour fournir des explications à ce sujet.

Guillemin rappelle ce qu'il a dit tout à l'heure.

Delory déclare qu'il veut faire une proposition ferme. De la discussion qui s'est engagée tout à l'heure, il résulte qu'aucun délégué ne peut en ce moment faire la preuve des versements faits.

Il propose l'établissement d'un tableau sur lequel seront inscrites toutes les coopératives représentées et qu'en regard du nom de chacune, il soit fait mention dans des colonnes spéciales des versements faits à diverses œuvres.

Cette proposition est adoptée.

Marie qui représente plusieurs coopératives dit qu'il ne sait pas ce qu'elles ont versé.

Guillemin dit qu'il fera le tableau et le complètera à son retour à Paris pour qu'il soit inséré dans le compte rendu.

Delory propose que chaque délégué fasse parvenir au bureau le montant des sommes versées par les coopératives qu'ils représentent. Pour celles dont ils ne connaîtront pas le montant des versements, ni leur affectation, le citoyen Guillemin mettra : « Adhérentes à la Bouse Nationale des coopératives ». Cela voudra dire qu'elles ont versé les 0,10 et 0,05 par an et par membre et en rentrant à Paris il complètera les renseignements.

Cette proposition est adoptée.

Wellhoff fait l'appel des sociétés représentées qui sont les suivantes :

CONGRÈS DE LA COOPÉRATION SOCIALISTE
30 SEPTEMBRE et 1er OCTOBRE 1901

LISTE des Coopératives représentées avec leurs versements depuis le dernier Congrès (Juillet 1900)

NOMS	Fédération du Nord P. O. F.	Sections diverses du P. O. F.	Œuvres socialistes	Grèves	Secours aux Coopérateurs	Observations
Avenir des Ouvriers d'Armentières.		200 »		250 »	2219 10	Constatés par reçus
Brasserie l'Avenir Lille	500 »			75 »		»
Union de Lille.	12899 80		2112 90	897 50	8013 70	»
Fédération du Nord						
Paix de Roubaix	11625 55	6300 »	500 »	2850 »	3000 »	»
Humanité de Wattrelos. . . .	946 15					»
Union d'Houplines	100 »	100 »		602 40	4371 20	»
Fraternelle Amandinoise. . . .						
Avenir Béthunois.			120 45			Note rédigée par le délégué n'ayant pas les pièces en mains.
Union de Bruay						
Union de Calais						

NOMS	Fédération du Nord P. O. F.	Sections diverses du P. O. F.	Œuvres socialistes	Grèves	Secours aux Coopérateurs	Observations
Alliance du XVII°						
Abeille de Passy			39 10	34 10		
Coopération socialiste			159 »			
Bourse coopérative			1262 50			
Espérance des V° et XIII°			227 65	84 25		
Économie Fraternelle du V°.			0.10 par an et par sociétaire	0.38 par an et par sociétaire		
Économie Parisienne			80 »		1400 »	
Famille du VII°						
La Ménagère						
La Probité						
La Ruche du XIV°						
La Solidarité d'Asnières						
Coopérative de Choisy-le-Roi						
Avenir de Malakoff			507 »	40 »	2400 »	
Alliance des Travailleurs Levallois			96 »	520 »		
Revendication de Puteaux			206 »	1448 25	4350 »	
Persévérants de Saint-Denis			42 »	141 40		
Force Ouvrière Neuilly						
Union des Travailleurs d'Ivry			0.10 par an et par sociétaire			
Fédération du Nord-Ouest			460 »	25 25		
Solidarité Sottevillaise						
Économat d'Oissel						
Utilité de Brunoy	301 50					
Égalité de Poissy			0.10 par an et par sociétaire			
Avenir de Gravelles			id.	20 »		
Union de Romilly	400 »					
Viager perpétuel			id.			
Union d'Amiens						
Revanche prolétarienne Carmaux						
Espérance de Ravières			id.			
Avenir du Haut-Montreuil			id.			
Fédération ouvrière Besançon			id.			

Puis l'appel terminé, il fait connaître qu'il y a une protestation contre l'*Avenir Béthunois*, disant qu'elle n'a jamais rien versé à la propagande socialiste.

Pentel, délégué de cette société, dit qu'elle a versé aux dernières élections pour le candidat socialiste.

Delory et Wellhoff disent qu'il faudrait, pour cet après-midi, justifier par une pièce cette affirmation. Le délégué s'y engage et sous le bénéfice de cette promesse, il est admis.

En ce qui concerne l'*Abeille de Passy*, Guillemin dit que le délégué ne peut venir, retenu par son travail et a prié la Bourse des Coopératives de le faire remplacer par un autre délégué.

A ce sujet, Wellhoff demande si, lorsqu'un délégué aura plus de cinq mandats, il pourra passer le surplus à un autre délégué.

Cette demande est adoptée.

La Famille, du VII° arrondissement, en raison des exigences de travail, n'a pas de délégué.

L'*Union ouvrière* du XIII° arrondissement avait envoyé une lettre à Samson pour désigner un délégué. Il avait donc fait le nécessaire.

Postérieurement, ils ont remis à Marie le mandat. Admis.

Citoyen Wellhoff. — Je suis d'avis que les Sociétés coopératives belges n'aient pas droit de vote, mais seulement voix consultative.

Le citoyen Samson met aux voix le rapport de la Commission qui est adopté.

Il est procédé ensuite à la constitution du bureau de la première séance.

Président : Ivo Van Waerebeke ; assesseurs : Landrieux et Marie.

Le Président demande si on acceptera la presse dans l'Assemblée.

Le citoyen Delory dit qu'il ne voit pas la nécessité que la presse assiste au Congrès, puisque cette réunion a pour but la discussion d'un travail et non une manifestation.

A ce sujet, la citoyenne Bonnevial dit que l'on pourrait laisser assister la presse au Congrès, mais celui-ci en décide autrement, tout en stipulant qu'un compte rendu sera communiqué chaque jour aux journaux.

Les citoyens Gallet et Fray sont nommés secrétaires pour la durée du Congrès et il leur est adjoint le citoyen Delevoy.

Il est procédé ensuite à la discussion du 2° article de l'ordre du jour :

Création d'une Bourse Nationale des Coopératives socialistes de consommation de France

Le citoyen Guillemin dit que le premier Congrès National l'a chargé de faire un rapport à ce sujet. Il a élaboré des statuts d'une Société par action et donne lecture de son travail.

Rapport moral sur la Bourse des Coopératives

Lorsqu'il y a dix-huit mois, la Bourse coopérative émit l'idée de tenir un Congrès de la Coopération socialiste, c'était avec un but bien arrêté de fixer quelle devait être la conception exacte du mouvement coopératif mis au service du prolétariat.

La Bourse avait bien, depuis sa fondation, émis des idées, créé des œuvres, rendu des services en développant tous les rouages administratifs que comporte la coopération, mais cela ne pouvait avoir de sanction qu'autant qu'un Congrès national et international le consacrât.

En effet, avant la fondation de la Bourse coopérative, les essais faits au point de vue commercial, n'avaient pas abouti parce qu'ils n'avaient pas, d'après nous, la consécration morale des décisions prises en séance de Congrès.

La ruine de la Fédération nationale avait jeté un discrédit profond sur toutes tentatives de ce genre.

D'autre part, l'organisation centrale existante ne s'était confinée que dans la simple question juridique et légale.

En somme, tout était à faire et à refaire, c'est-à-dire :

Ramener la confiance dans les sociétés ;

Créer un centre de renseignements servant à documenter les Conseils d'Administration, afin de lutter contre les mercantis ;

Dresser des rapports et des statistiques ;

Créer un nouvel état d'esprit dans le milieu coopérateur ;

Faire une propagande incessante par des conférences, des brochures, le journal des délégations.

Faire contribuer des organisations économiques puissantes et pleines de vitalité à la grande évolution sociale actuelle.

En un mot, développer la coopération sous toutes ses formes, consommation et production, syndicats agricoles et viticoles, voilà quelle devait être la tâche du nouveau mouvement coopératif qui se créait.

Nous pouvons dire sans crainte d'être contredit que cela a été fait ; nous signalons ci-après les remarques que nous ont suggéré le travail accompli.

Le fantôme de l'ancienne fédération nationale est disparu, la confiance est revenue dans les esprits, car aujourd'hui, de toutes parts, les sociétés se fédèrent pour un motif ou pour un autre, mais l'idée qui les préoccupe surtout est celle des achats en commun. Si par hasard de pâles objections se produisent, les arguments abondent pour démolir la thèse, et les preuves fourmillent pour prouver la valeur des fédérations et leur utilité au point de vue des intérêts communs.

Dans sa première période, la Bourse coopérative fit différents rapports ayant trait aux questions d'organisation commerciale.

Sur les grands produits de consommation courante, tels que charbons, vins, savons, pâtes alimentaires, etc., des statistiques démontrèrent l'influence du marché et les avantages qu'il y aurait à traiter par grosse quantité et à se passer d'intermédiaires.

Du fait de ces rapports et de ces statistiques, l'instruction commerciale de nos camarades se faisait et le *Bulletin mensuel* donnant ces indications se répandait dans les sociétés, comme un organe de renseignements et de combats; de renseignements, parce qu'il indiquait les prix des denrées prises à leur source, de combat, parce qu'il dévoilait la mauvaise foi du fournisseur qui profitait de l'inexpérience de nos camarades pour les duper.

Le résultat fut que des baisses de prix s'ensuivirent qui amenèrent fatalement un développement des sociétés.

Ceci pour le point de vue strictement commercial.

Il en fût de même pour les renseignements d'ordre juridique, pour la comptabilité, etc.

Toutes ces tentatives ramenèrent la confiance ébranlée, d'ailleurs nous eûmes toujours soin de laisser la plus grande autonomie aux diverses sociétés, surtout en ce qui concerne la question achats, car cela aurait été toucher à l'arche sainte que d'intervenir dans cette gestion.

La propagande se fit de toutes les façons, des conférenciers se répandirent à Paris et en province, des sociétés furent conquises au mouvement, d'autres se rebellèrent; c'était fatal.

Notre petit bulletin fut lancé dans différentes circonstances à des tirages assez importants, soit pour lancer le Palais du Travail, soit pour l'assurance coopérative, soit pour communiquer le rapport de la délégation à l'inauguration de la *Maison du Peuple*, de Bruxelles; entre temps on publiait des brochures comme : *Une œuvre sociale*, racontant l'histoire de la Verrerie ouvrière et de la Grève de Carmaux; *La Coopération ouvrière*, donnant des renseignements sur la constitution légale des sociétés.

Chaque fois qu'une manifestation a eu lieu, la Bourse coopérative a eu soin de créer un mouvement en avant; on la voit à Albi, à Bruxelles, à Paris, lors de la crise du pain cher; en un mot, partout où elle est allée elle a fait de la bonne besogne.

C'est de cette propagande incessante qu'est né l'état d'esprit différent, c'est-à-dire que depuis quelques années l'on peut voir que rares sont les grèves où les coopératives ne versent point, qu'à chaque fois qu'une nouvelle œuvre est créée les assemblées générales votent des actions; de toutes parts, des subsides sont envoyés à la propagande, des œuvres de solidarité se constituent dans le sein des sociétés; une conception moins personnelle apparait, la socialisation du capital s'opère.

Très nombreuses ont été les sociétés fondées avec l'appui de la

Bourse coopérative, soit à Paris, soit en province ; la Bourse a donné autant qu'elle le pouvait des indications pour constituer ces nouvelles sociétés sur des bases socialistes. Si l'on n'y est pas arrivé complètement, il n'en existe pas moins que dans les statuts à l'article « Répartition des bénéfices » une part est toujours réservée à des œuvres humanitaires quelconques.

L'impôt social s'est créé.

Nous avons fait, en outre, de la propagande pour les organisations de production, pour les syndicats de producteurs agricoles et viticoles, cherchant en cela à semer au sein de la population paysanne des ferments de socialisme.

Voilà ce qui a été fait, c'est le travail de cinq ans: un lustre. Il fallait qu'il fut consacré; le Congrès de Juillet 1900 a été tenu pour cela; on y a jeté les premières bases, c'est-à-dire les principes et si nous eûmes des craintes au début elles furent dissipées par l'accueil qui y fut fait.

Aujourd'hui, en ce deuxième Congrès, nous devons souder tout cela en un groupe compact et homogène, le premier Congrès a décidé de mettre à l'ordre du jour du deuxième Congrès: « La constitution de la Bourse socialiste des sociétés coopératives de consommation de France », où seront groupées les sociétés et les fédérations coopératives.

Mais afin d'aider dans leur besogne les camarades socialistes de la province qui pénètrent dans les Conseils d'administration, il nous a semblé bon, utile et pratique, de modifier tant soit peu les conditions d'admission à la Bourse coopérative en transformant la décision du Congrès de Juillet 1900, qui est ainsi conçue:

1° Accepter les principes fondamentaux du socialisme, lutte de classes, entente internationale des travailleurs, socialisation des moyens de production ;

2° Verser cinq centimes par an et par membre à la Bourse coopérative ;

3° Verser à la propagande socialiste dix centimes par an et par membre.

Chaque société a l'autonomie la plus grande pour employer ces dernières sommes au mieux des intérêts des travailleurs; néanmoins, elles devront fournir tous les ans des pièces justificatives constatant qu'elles ont effectivement versé à la propagande socialiste, et de la modifier comme suit :

1° La première condition est acceptée sans modification.

2° Idem pour la seconde.

3° Verser à   un minimum de dix centimes par et par membre.

Chaque société a l'autonomie la plus grande pour employer ces dernières sommes au mieux des intérêts des travailleurs.

Les sociétés pourront, indépendamment de leur cotisation annuelle, se servir des sommes affectées comme il a été dit ci-dessus pour se constituer des actions de la Bourse coopérative.

La constitution de la Bourse ne pourra avoir lieu que quand les actions seront souscrites.

Il reste à fixer au Congrès quelle sera la date de l'assemblée générale constitutive et de quelle façon elle sera administrée en attendant sa constitution.

Le Congrès étant souverain, nous tenons à vous faire la déclaration suivante :

Tout le bureau actuel de la Bourse coopérative, toutes les commissions vous remettent leur démission afin que vous fassiez en pleine et entière liberté d'un organisme à l'état d'embryon une forte puissance économique qui, entre les mains du prolétariat organisé, luttera contre les forces du capital coalisées.

La Bourse aujourd'hui n'est plus la propriété d'une fédération régionale, elle est la propriété de la Coopération ouvrière et socialiste de France.

Le Rapporteur,
GUILLEMIN.

Ce rapport est adopté comme ci-dessus et après quelques modifications apportées par le Congrès.

Citoyen Delory. — Au sujet du membre de phrase : 0 fr. 10 à toute œuvre de solidarité, je demande qu'il soit bien spécifié que les sommes données aux grèves ne figurent pas comme sommes données à la propagande socialiste et que l'achat des actions de la Bourse ne soit pas considéré comme un versement à la propagande socialiste.

Citoyen Guillemin. — Ce que nous voulons, c'est bien donner le caractère socialiste à notre œuvre ; seulement, comme à la Coopérative de Sainte-Savine, dans l'Aube, quand on demande à ses coopérateurs de verser à la propagande socialiste, ils poussent les hauts cris. Qu'on leur dise : Voter pour l'émancipation des travailleurs ! et ils s'exécutent alors, quoi que ce soit absolument la même chose, dite en d'autres termes.

Citoyen Delory. — On ne peut pas considérer comme ayant fait œuvre de versement au principe socialiste les camarades qui verseraient à une Fédération qui s'occuperait, par exemple, de la production de chaussures.

Citoyen Guillemin. — Dans une des assemblées générales d'une Coopérative de Paris, quand le bilan n'est pas très bon et qu'il faut faire passer quelques questions à l'ordre du jour, on rencontre toujours de la résistance. Les fonds destinés à la propagande ne peuvent pas toujours être dirigés comme le désire le Conseil d'Administration. Si une Coopérative veut verser de l'argent dans une élection socialiste, qu'elle le fasse ; si une autre veut verser de l'argent pour monter, par exemple, une beurrerie, qu'elle le fasse également. Tous les camarades n'ont pas une conception bien approfondie du Socialisme et, par suite, envisagent la question des versements d'une façon différente, Il est utile de laisser à chaque Coopérative toute latitude pour dépenser les fonds de sa caisse de propagande.

Parlant des Universités socialistes, le citoyen Guillemin dit que c'est une œuvre d'éducation au premier chef, à condition qu'on y fasse exclusivement de la propagande socialiste. Il termine en demandant pour chaque société l'autonomie la plus complète.

Citoyen Wellhoff. — Les mots « œuvre ou action socialiste » n'indiquant pas suffisamment la pensée de Guillemin, il est du devoir des Conseils d'administration d'inculquer aux coopérateurs les idées qui doivent servir à leur émancipation.

L'argent sera versé à des groupements politiques socialistes et il sera bien spécifié qu'il sera attribué à l'action politique proprement dite.

Il ne faut pas faire des coopérateurs, des petits capitalistes ..

Le président, à ce moment, annonce l'arrivée dans la salle du citoyen Victor Serwy, secrétaire-gérant de la Fédération des Coopératives belges (Applaudissements).

Le citoyen Serwy remercie l'assemblée des marques de sympathie dont il vient d'être l'objet. Il espère qu'au Congrès international qui va s'ouvrir dans deux jours à Bruxelles, la Belgique montrera aux délégués la force de ses coopératives socialistes. Il est heureux d'assister au deuxième Congrès national de la coopération socialiste française. Il compte sur les camarades français pour pénétrer dans les coopératives encore réfractaires à l'idée socialiste, pour y forcer les portes du Conseil d'administration et amener ces sociétés au socialisme. Il dit que les coopératives belges sont entre les mains des ouvriers.

Puis la discussion continuant, le citoyen Landrieux déclare qu'il n'est pas militant socialiste ; que les membres de la société qu'il représente étaient des révolutionnaires, mais qu'ils ne voulaient pas entendre parler des politiciens qu'ils appellent « les pantins de la politique ». Ils veulent la révolution, comment ? ils n'en savent rien, l'essentiel c'est que le jour où elle arrivera, ils soient debout pour la lutte.

Le citoyen Marie confirme ce qu'a dit Landrieux.

Dans le conseil d'administration de la société dont il est

membre, il y a des adeptes de quatre écoles socialistes différentes. Comment partager les sommes entre ces écoles, dans
quelles propo.tions et comment aller devant l'assemblée générale pour décider à laquelle des fractions socialistes l'argent
sera versé ?

Dans la Société *L'Economie Parisienne* les administrateurs
ont obtenu des fonds par des moyens détournés, pour des « œuvres sociales humanitaires » ce qui leur permet de venir en aide
aux grèves et de subventionner les Universités populaires,etc.,etc.

Il termine en disant que si le Congrès de Lille acceptait la
proposition Wellhoff, on détruirait ce qu'ils ont eu tant de mal à
établir. A Paris, presque tous les coopérateurs socialistes sont
partisans des versements à la propagande socialiste mais uniquement pour des œuvres impersonnelles.

La citoyenne Bonnevial dit qu'elle considère que les coopératives et les syndicats doivent coopérer pour participer à l'œuvre
socialiste ; elle se rallierait volontiers aux propositions Delory
et Wellhoff, si ce qu'ils proposent était pratique.

S'il n'y avait en France qu'un seul parti socialiste, ce serait
certes possible, car il ne faut pas s'effrayer de demander aux
coopérateurs de retirer un peu sur leurs bénéfices pour faire des
versements à la propagande socialiste, ceux-ci sachant bien
lorsqu'ils entrent dans une de nos sociétés, qu'ils pénètrent dans
une coopérative socialiste.

Rien n'empêche une coopérative d'interpréter les versements
à la propagande socialiste dans le sens indiqué par le citoyen
Wellhoff, à condition comme le demande Guillemin, qu'elles
aient leur autonomie.

Dans certaines, cela se passera comme dans les coopératives
du Nord, dans d'autres il leur sera permis de verser d'une autre
façon. Elle conclut en disant qu'il est totalement impossible
dans l'état actuel du socialisme français, de faire ce que
demandent les citoyens Delory et Wellhoff.

Le citoyen Thédié, au nom des quatre mille sociétaires de
l'*Alliance des Travailleurs* de Levallois-Perret, qu'il représente,
lit le rapport suivant :

. *Citoyens,*

L'*Alliance des Travailleurs* de Levallois-Perret, composée de
4.000 sociétaires qui m'ont fait l'honneur de m'envoyer parmi vous,
a toujours été à l'avant-garde pour la marche en avant de la
coopération, quand cette marche n'est pas nuisible à la coopération
toute entière.

Citoyens, nous ne voulons pas de luttes électorales dans notre sein ; en dehors, chacun est libre. Nous, qui avons tout fait pour faire l'union de tous nos associés, sur une base de solidarité, nous ne voulons pas les diviser sans profit pour une question politique et, j'en suis sûr, cette opinion est partagée par la plupart des sociétés parisiennes.

Mais vous qui avez fait du socialisme avant de faire de la coopération, vous n'êtes pas arrivés à faire l'union des différentes écoles socialistes et, cependant, vous marchez tous au même but, mais aussi, le résultat de vos luttes est nul.

A l'*Alliance des Travailleurs* nous sommes des coopérateurs aimant à créer des œuvres sociales, pouvant servir immédia'ement au bien-être des travailleurs, et les arlequinades des politiciens sont un motif de plus pour que nous ne voulions pas défendre collectivement tel ou tel candidat.

Mais au contraire, ce que nous désirons ardemment, c'est que les sommes affectées à la propagande servent à créer des sociétés coopératives de production sous la tutelle des sociétés de consommation.

Aujourd'hui, plus que jamais, la question sociale s'agite. Le travailleur est fatigué de subir du patronat qui le gruge, et pour ne plus être soumis à cette loi barbare de l'offre et de la demande, qui le met en concurrence avec lui-même, les associations de production peuvent, seules, lui donner satisfaction.

Je sais bien que cela ne fait pas l'affaire de quelques ambitions individuelles qui cherchent, soi-disant, à s'emparer du pouvoir pour faire l'expropriation du capital, sachant d'avance qu'ils ne peuvent rien parce que l'on ne transforme pas une société comme la nôtre, au pied levé.

Tandis que par la création de sociétés de production, vous faites l'expropriation que vous demandez, beaucoup plus sûrement, en donnant tout de suite le bien-être à celui qui travaille.

Aussi, je fais le vœu suivant :

« Les 3/4 des sommes affectées à la propagande seront versées à la Bourse des sociétés coopératives socialistes, pour servir à créer des sociétés de production, aussitôt que le capital le permettra, et le reste, à la propagande générale.

THÉDIÉ,
Délégué de l' « *Alliance des Travailleurs* »
de Levallois-Perret.

Le citoyen Wellhoff dit qu'il veut tout d'abord répondre un mot au citoyen Landrieux ; il n'a pas dit que les coopérateurs étaient des petits capitalistes, ce qu'il ne veut pas, c'est que par l'appât des bénéfices, les coopérateurs veuillent jouer aux petits capitalistes.

Ceci dit, s'il insiste pour que chaque société verse à un groupement politique quelconque, c'est qu'il considère que cela est absolument nécessaire. Il ne se dissimule pas les inconvénients qu'il y a pour les sociétés parisiennes à introduire dans le règlement l'article relatif au versement à la propagande socialiste. Parisien lui-même, il connaît trop l'esprit qui les anime.

Quoique cela, toutes les fois qu'il est allé chez les coopérateurs leur dire : Il est nécessaire que dans vos statuts il y ait un article qui dise d'une façon très nette que des versements sont faits à la propagande socialiste, il a eu gain de cause.

Tous les Conseils d'administration ont répondu de la même façon que Landrieux tout à l'heure, c'est-à-dire que lorsqu'ils iront devant l'Assemblée générale de leur coopérative, cette demande faite aux Coopérateurs a de grandes chances pour être refusée

Eh bien, ce qu'ils craignaient ne s'est jamais produit.

Comme à Paris, dans nos Coopératives du Nord, on trouve parmi les adhérents des démocrates-chrétiens et, pour ne citer qu'un fait, il dit qu'à Roubaix par l'entremise d'un adhérent, les dominicains prennent pour treize francs de pain par jour à la Coopérative *La Paix*. Quoique cela, lorsque la proposition de verser pour la propagande socialiste a été portée devant les assemblées générales, elle y a obtenu chaque fois une importante majorité.

Il dit aussi qu'en Belgique, à la *Maison du Peuple*, à Bruxelles, il faut être adhérent au parti socialiste pour y pénétrer.

Il ne peut, dans ces conditions, que maintenir fermement sa proposition. Il a été aussi à l'*Avenir*, de Plaisance ; il y a vu les divisions existantes et il est persuadé que malgré ce qu'en pense Landrieux on arrivera aux mêmes résultats que dans le Nord. C'est le but que nous devons poursuivre, car les coopératives ne sont qu'un moyen pour arriver à l'émancipation des travailleurs.

La citoyenne Bonnevial répète qu'en théorie elle est absolument d'accord avec lui, mais qu'elle constate qu'il n'a pas répondu aux difficultés pratiques.

Le citoyen Guillemin dit que ce qui a été fait dans le Nord n'est pas possible à Paris ; ce que Wellhoff dit de l'*Avenir*, de Plaisance, est tout à fait le contraire de ce qui existe, les conceptions actuelles ne sont plus les conceptions anciennes. Ce qu'il faut, c'est établir au point de vue commercial des coopératives, de façon à ce qu'elles puissent donner certains avantages.

Ce qui fait que l'*Avenir*, de Plaisance, est retournée à la conception bourgeoise. c'est qu'il se trouvait des membres du P. O. S. R. et du P. O. F. dans le Conseil d'administration qui se disputaient continuellement et contrairement à ce qui se passe dans le Nord ; les membres du P. O. S. R. voulaient que la coopérative verse à la propagande électorale, alors que les membres du P. O. F. ne voulaient rien entendre.

Malgré cela, avec les fonds, il a été créé un journal; on a imprimé des affiches, etc., mais avec ces divisions les adversaires des socialistes ont fini par les mettre dehors du Conseil d'administration.

Quant aux adhérents de la *Maison du Peuple*, de Bruxelles, il ne veut citer qu'un fait qui lui est personnel. A l'inauguration de la dite *Maison du Peuple*, il est parti visiter un peu Bruxelles sous la conduite d'un guide, membre de la *Maison du Peuple* Ce dernier le conduisit visiter l'église Sainte-Gudule. Comme il n'y allait que pour y voir les travaux d'art et qu'il ne se moquait pas mal de l'Eglise, il a pris de l'eau bénite et en a aspergé ses camarades. Leur cicérone s'est tellement fâché qu'il les a quittés brusquement en leur disant: Vous ne devez pas faire de choses semblables. Il assistait aux offices religieux!

Le citoyen Serwy dit que ces camarades-là sont très rares parmi les adhérents.

Le citoyen Guillemin dit qu'en ce moment il y a une certaine évolution dans les coopératives qui, anciennement réactionnaires, viennent au socialisme. Il cite celle de Puteaux qui a 6.000 sociétaires et qui, si on la forçait à verser directement au socialisme verrait la plupart de ses membres la quitter.

Pour conclure, il répète qu'il demande l'autonomie la plus grande et la plus complète.

Vous, délégués du Nord, qui êtes les éducateurs des masses, vous devez comprendre qu'il faut un texte qui puisse être accepté par tout le monde.

Je crois qu'il suffit que chaque coopérative adhérente accepte les principes fondamentaux du socialisme, et, qu'en ce qui concerne les versements à la propagande, le Congrès adopte la proposition Delory qui est moins rigoureuse.

Le citoyen Landrieux répondant au citoyen Wellhoff dit que lorsque ce dernier va dans les coopératives du Nord, il trouve les conseils d'administration sympathiques au point de vue politique et qu'il est facile alors de faire voter ces décisions.

Ce n'est pas la même chose à Paris, car lorsque le Conseil d'administration n'est pas de notre avis, il vous est impossible d'arriver à faire voter un subside électoral. Il propose de voter si, oui ou non, les sommes versées aux grèves seront considérées comme des versements à la propagande socialiste.

Le citoyen Denève dit que, comme président de la coopérative

La Paix, de Roubaix, il n'a pas voulu mettre la question de versement de 2 % pour la propagande dans les statuts. Un camarade a demandé cette addition aux statuts à l'assemblée générale et elle a été acceptée à une très forte majorité. Même mieux, si un camarade voulait demander aujourd'hui qu'on retranche cet article des statuts, sa proposition serait repoussée.

La citoyenne Bonnevial répète encore une fois que ce n'est pas pratique à Paris.

Le citoyen Denève dit qu'il suffit de le vouloir.

Le citoyen Salembier dit que la Société l'*Union de Calais* est constituée sur les mêmes bases que celles de Lille et de Roubaix, puisque c'est grâce aux règlements que ces sociétés ont bien voulu lui envoyer en communication qu'elle s'est créée.

Il admet cependant que ce qui est fait dans le Nord ne peut pas être fait à Paris, les camarades parisiens ne pourront pas faire admettre les versements de 2 % à la propagande. Qu'on les laisse faire et petit à petit ils arriveront à les faire voter.

En donnant 2 %, nos coopératives du Nord ne font aucun sacrifice ; celles de Paris ne le peuvent pas.

Il termine en réclamant l'autonomie pour les coopératives. Dans dix ans, les coopératives du Nord ne seront peut-être plus portées pour la même politique.

Respectons donc l'autonomie dans toutes les coopératives ; laissons le soin à chacune d'elle de verser ce qu'elle veut et où elle veut. Quand elles auront admis de verser pour la propagande politique, elles seront encore divisées pour savoir à quel groupement l'argent sera distribué.

Le président demande la clôture sur cette question. Il est décidé que la discussion sera continuée.

Le citoyen Delory est étonné de l'état d'esprit des camarades de Paris.

Dans le premier Congrès, ils allaient plus loin que la proposition qui y a été adoptée et c'était alors les délégués du Nord qui leur disaient: Camarades, contentez-vous de ce que les coopératives adhérentes adoptent les principes socialistes.

S'il est d'avis que les versements soient faits pour la propagande socialiste, c'est qu'il considère les coopératives comme les écoles primaires du socialisme. Il se demande si on va revenir aujourd'hui sur les décisions du premier Congrès ; ce qui est proposé c'est de faire un pas en arrière.

A Armentières, par exemple, les patrons créent des coopératives patronales. Si celles-ci vous demandent d'adhérer à vos Congrès, vous ne pourrez pas le leur interdire, étant donné que vous n'aurez pas élevé de barrières pour leur en empêcher l'accès.

Il dépose la proposition suivante :

« Que chaque coopérative verse un minimun de 0.10 par an et par membre pour la propagande, étant donné que les versements faits pour les grèves ne sont pas comptés dans ces versements et qu'un tiers au minimum de ces versements soit affecté à la propagande socialiste.

Ce qu'il faut, c'est créer un centre de coopérateurs socialistes et d'imposer des votes socialistes. Il se tient pour appuyer son dire sur la délibération du premier Congrès.

Le citoyen Verhaeghe dit que le Congrès est un Congrès de coopération socialiste et non pas. un Congrès général de la Coopérative. On doit exiger que l'on fasse de l'action politique dans les écoles socialistes. Il se rallie à la proposition de Delory en demandant que l'on détermine les œuvres auxquelles les sommes sont attribuées.

Le citoyen Creton, de la Brasserie coopérative l'*Avenir*, dit que cette Coopérative a un certain nombre d'adhérents qui ne sont pas socialistes. Ils n'étaient pas d'accord sur les versements pour la propagande et à l'assemblée générale, sur huit cents membres présents, la proposition de verser 2 °/₀ pour la propagande a été votée à la presque unanimité.

Le citoyen Samson dit qu'il voudrait dégager la situation au sujet des engagements pris au Congrès de Paris, de verser à la Bourse des Coopératives 0.05 c. par an et par membre ; il ne croit pas qu'on puisse encore à nouveau imposer d'autres sacrifices aux Coopératives de la région du Nord, qui, déjà, en grand nombre, versent à la propagande socialiste et entretiennent encore de leurs deniers la vitalité de la Fédération du Nord. D'abord elles se demanderont à qui ce sou servira. On leur répondra à l'œuvre d'utilité sociale ! L'esprit du Nord n'est pas le même que celui de Paris. Il faudrait déterminer un but à l'emploi de cet argent. Là encore, on répondra peut-être qu'il sera destiné à plusieurs écoles socialistes, mais alors, nous autres, coopératives du Nord, qui n'en connaissons qu'une, que ferons-nous ?

Le citoyen Delory fait remarquer que Samson se trompe ; le sou sera versé à la Bourse des coopératives parce que c'est une décision du premier Congrès et que l'on doit toujours respecter les décisions prises.

Le citoyen Landrieux fait une proposition contraire à celle du citoyen Delory ; il demande à ce que le retour en arrière soit fait et que l'on précise bien ce qu'on entend par le mot « propagande socialiste » parce que les coopérateurs disent qu'ils ne veulent pas donner de l'argent à ceux qu'ils appellent des pantins politiques.

Le citoyen Wellhoff. — Toutes les coopératives donnent à des œuvres philanthropiques ; il suffirait donc qu'une société verse à une œuvre quelconque pour faire partie de la fédération. Ce serait ouvrir la porte aux sociétés composées de démocrates chrétiens. Déterminez l'expression « propagande socialiste » comme vous le voudrez, mais si vous ne le décidez pas fermement, vous n'arriverez à rien, car il suffira à une société de créer dans son sein une bibliothèque dans laquelle entreront les brochures socialistes pour qu'elles puissent adhérer à la Bourse.

Le citoyen Landrieux. — Les coopératives catholiques ne peuvent pas rentrer chez nous, parce qu'il faut que les sociétés coopératives acceptent les principes fondamentaux du socialisme pour adhérer.

Le citoyen Guillemin. — Si les sociétés coopératives catholiques demandaient leur inscription, il est certain qu'elles ne seraient pas admises.

L'année dernière, on avait mis dans le rapport tout ce qu'on pouvait y mettre et on avait surtout glané dans les statuts des coopératives belges. Les membres de la commission, eux-mêmes, ont demandé de ne pas maintenir trop et ils se sont ralliés aux propositions faites au Congrès.

Dans ces conditions, il devrait y avoir beaucoup plus de sociétés représentées dans ce deuxième Congrès, mais malheureusement il n'en est pas ainsi ; c'est ce que l'on peut constater si l'on examine la liste des coopératives présentes.

Etant donné ces faits, doit-on maintenir dans son intégralité tout ce qui a été voté l'an dernier et ne pas faire de concession non de principe, mais de mots. On ne pourrait pas croire si ces concessions étaient faites que l'esprit socialiste soit diminué dans les sociétés adhérentes. Si l'année dernière, Lille a été choisie pour la tenue du second Congrès, c'est afin que les délégués qui y viendraient puissent se rendre compte de l'admirable organisation qui existe dans le Nord, de même qu'ils verront celles de Belgique au Congrès International, de Bruxelles, qui va se tenir dans cette ville.

Il termine en demandant que les sociétés soient laissées libres de faire ce qu'elles veulent de l'argent pour la propagande et cite la coopérative l'*Avenir de Malakoff* qui, l'année dernière, a versé pour un candidat socialiste.

Le citoyen Landrieux dit qu'elle avait probablement de l'argent de trop.

Le citoyen Marie, au nom de trois camarades, développe une proposition qui, croit-il, est de nature à rallier tout le monde.

La citoyenne Bonnevial dit que c'est la proposition du citoyen Delory, en d'autres termes.

Le citoyen Delory relit sa proposition; il a repris, pour ainsi dire, le texte de la décision du Congrès de l'année dernière.

Le citoyen Landrieux maintient la proposition contenue dans le rapport lu par le citoyen Guillemin et dit que si l'on vote les termes de la résolution de l'année dernière, on conservera seulement le petit groupe de coopératives que la Bourse a à Paris au grand profit des coopératives bourgeoises.

De très fortes sociétés ne veulent pas adhérer, parce que prenant en mains les décisions du dernier Congrès, elles croient devoir être obligées à verser pour la propagande socialiste.

Le citoyen Verhaeghe dit : ce n'est pas la quantité qu'il faut rechercher, mais la qualité.

Le citoyen Landrieux dit que comme le citoyen Thédié, de Levallois-Perret, il n'est pas du tout un militant socialiste au point de vue politique et qu'il ne veut pas que les politiciens attirent l'argent des coopératives.

Nous voulons rester coopérateurs socialistes, c'est-à-dire voulant l'émancipation générale des travailleurs et la suppression du patronat.

Le citoyen Samson : c'est l'œuvre de la rue Christine.

Le citoyen Landrieux. — Non pas, nous sommes socialistes révolutionnaires ; nous n'avons pas de *credo* politique si vous voulez.

Le citoyen Wellhoff estime que ce serait une adhésion purement platonique. Il lui est égal que les coopératives ne donnent pas leur adhésion, car si elle la donnait, cela ne leur coûterait rien.

Ce qu'il faut, c'est que les coopératives versent pour la propagande socialiste.

La citoyenne Bonnevial estime, contrairement au citoyen Wellhoff, que les subsides donnés aux grèves et à l'éducation dans les Universités populaires socialistes sont bien de la propagande socialiste.

Elle est pourtant de ceux qui pensent comme le citoyen Wellhoff qu'il ne faut pas s'effrayer du mot « propagande socialiste ». Il faut que ceux qui viennent dans les coopératives sachent que ce n'est pas seulement pour toucher des bénéfices. Elle serait entièrement de l'avis de Wellhoff si, comme en Belgique, il existait en France un parti socialiste unifié.

Comme dit Landrieux, les coopérateurs à Paris veulent la révolution, de quelle façon ? ils n'en savent rien Il ne faut pas se leurrer. Ceux qui ont créé les coopératives sont des militants socialistes ; ne leur imposez rien, laissez leur l'autonomie.

Pour satisfaire Landrieux, elle demande qu'il soit introduit une formule dans la proposition ; elle connaît l'état d'âme du prolétariat parisien, Landrieux a raison ; il n'y a plus d'organisation politique. C'est la révolution qu'il lui faut.

Elle termine en demandant encore une fois qu'on laisse l'autonomie aux coopératives de verser pour la propagande socialiste.

Le citoyen Thédié parle du bilan de sa société et déclare qu'elle a versé à la propagande électorale ; il dit que ce n'est pas là de la propagande platonique. Seulement, il n'est pas partisan de la lutte électorale et n'en veut pas.

Le président lit la proposition suivante de Delory qui, pense-t-il, peut satisfaire tout le monde :

Pourra seule être admise à la Bourse des Coopératives socialistes, toute société qui versera au minimum une somme de 0 fr. 10 par membre et par an à toute œuvre d'action ou de propagande socialiste, étant entendu que les sommes versées pour les grèves ne seront pas considérées comme telles.

Le citoyen Landrieux demande la disjonction en ce qui concerne le versement sur les grèves ; il faudra que l'on dise si oui ou non l'argent donné aux grèves sera considéré comme versement à la propagande et demande aussi qu'on enlève le mot : propagande socialiste, pour le remplacer par *action socialiste*.

Le citoyen Delory. — En mettant action ou propagande socialiste on ne veut pas dire *acte électoral*. Que votre société fasse, par exemple, distribuer 10.000 brochures, c'est une propagande socialiste. Alors, mettez *action socialiste*.

Le citoyen Landrieux dit qu'il est d'accord avec le citoyen Delory.

Le citoyen Wellhoff dit que petit à petit on va perdre de vue ce qui a été dit. Il demande le maintien du mot propagande socialiste.

Le citoyen Samson dit que les parisiens chantent la révolution et que le mot *propagande* semble leur faire peur.

Le citoyen Guillemin demande que l'on mette *action socia-*

liste pour que tout le monde soit d'accord et alors vous pourrez dire à vos mandants que vous avez remplacé le mot *propagande socialiste* par le mot *action socialiste.* C'est une question de mots.

Le Président demande au citoyen Landrieux s'il maintient le texte du rapport.

Le citoyen Landrieux répond que oui.

Le citoyen Wellhoff déclare maintenir sa proposition et demande la priorité pour le vote sur le mot « propagande ou action ».

La priorité est adoptée.

La première partie de la proposition, mise aux voix, est adoptée.

Le citoyen Delory demande la parole pour la rédaction de la seconde partie de la proposition.

Les « subsides pour grèves » doivent-ils être compris comme subsides pour la propagande. A Paris, au dernier Congrès, nous étions trois ou quatre fois plus nombreux qu'aujourd'hui ; il a été convenu que les sommes pour les grèves ne seraient pas comprises dans la propagande.

Une société qui aura, par exemple, versé 5 francs dans une grève, aura le droit de contrebalancer une société qui aura versé 1.500 fr. pour la propagande socialiste. Il demande de maintenir que les versements pour les grèves ne soient pas compris pour la propagande.

Le citoyen Denève dit que la coopérative *La Paix*, de Roubaix, a versé depuis 1898 près de 50.000 francs.

Le citoyen Guillemin demande que les versements pour les grèves soient considérés comme des actes de solidarité.

Le président met aux voix la proposition du citoyen Delory demandant que les versements pour les grèves ne soient pas comptés pour la propagande.

Le citoyen Landrieux demande qu'avant le vote on décide si c'est par mandats ou par membre présent que l'on va voter.

Le citoyen Delory propose que ce soit par membres présents, il lui semble que c'est le meilleur moyen ; s'il y avait doute après le vote, on votera alors par mandats.

Le Président met aux voix la proposition du citoyen Delory, laquelle est adoptée.

Le citoyen Guillemin donne ensuite lecture du projet de statuts de la Bourse socialiste des coopératives de consommation de France.

RAPPORT SUR LA CONSTITUTION DE LA BOURSE SOCIALISTE
DES
Coopératives de Consommation de France

STATUTS

Article premier. — Il est formé entre les souscripteurs des actions créées par les présentes, une Société anonyme ayant pour but:

1° d'acheter en gros et de fabriquer pour les vendre, et répartir à des sociétés coopératives de consommation, des marchandises de bonne qualité ;

2° de s'intéresser à la création ou au développement de sociétés coopératives de production et de consommation. Elle pourra faire aussi toutes opérations mobilières ou immobilières se rattachant à la réalisation du but social.

Art. 2. — La société prend pour dénomination : *Bourse socialiste des Sociétés coopératives de consommation de France.*

Art. 3. — Le siège social est à
il pourra être transféré dans tout autre endroit, dans la même ville, par simple décision du Conseil d'administration. Cette décision devra, conformément à la loi, être déposée et publiée dans le délai d'un mois.

Art. 4. — La société prendra fin le
sauf les cas de dissolution anticipés prévus ci-après.

Art. 5. — Le capital social est fixé à cinq mille francs, divisé en cent actions de 50 francs.

Art. 6. — Les versements sur les actions seront effectués de la manière suivante: 12 fr. 50 en souscrivant, le surplus sera appelé par délégation du Conseil d'administration, portée à la connaissance des actionnaires par lettre individuelle quinze jours avant la date fixée pour le versement.

Tout actionnaire pourra se libérer par anticipation.

Art. 7. — Le capital de la présente société pourra être augmenté, par décision de l'Assemblée extraordinaire, en une ou plusieurs fois, par l'émission de nouvelles actions, qui seront libérées (en espèces ou en apports vérifiés), suivant le mode qui paraîtra le plus conforme aux intérêts sociaux.

En cas d'augmentation du capital social, les actionnaires auront un droit de préférence sur le capital émis. Cette préférence deviendra nulle de plein droit si les actionnaires ne l'ont pas exercée dix jours après un avis publié par l'Administration de la Société dans un journal d'annonces légales.

Art. 8. — Les actions seront nominatives. Leur propriété est établie par une inscription sur les registres de la société, la transmission s'en opère par une déclaration de transfert et une acceptation signées l'une et l'autre par le cédant et le cessionnaire.

Art. 9. — Toute cession d'action devra être signifiée à la Bourse avec le nom du cessionnaire et le prix de cession.

La Bourse aura, jusqu'au jour de l'Assemblée générale qui suivra la signification de la cession, un droit de préemption sur les actions cédées.

Elle pourra exercer ce droit soit pour son propre compte, à condition que l'acquisition ait lieu avec les réserves sociales, soit pour le compte d'une organisation ouvrière, c'est-à-dire d'une société coopérative si le cédant est une société coopérative.

Si l'Assemblée générale qui suivra la signification n'a pas déclaré vouloir user de son droit de préemption, la cession deviendra définitive entre le cédant et le cessionnaire proposé, et le transfert devra être transcrit sur les registres de la société.

Il demeure toutefois entendu que si la signification de la cession était faite moins de quinze jours avant une assemblée générale, le délai laissé à la Bourse pour exercer son droit de préemption courrait jusqu'à la seconde assemblée générale.

Art. 10. — La Société est administrée par un conseil composé de membres. Chacun d'eux devra appartenir à une organisation coopérative adhérente.

Article 11. — Chaque administrateur doit être propriétaire d'une action au moins, laquelle est inaliénable pendant la durée de ses fonctions ; elle sera déposée dans la caisse sociale et frappée d'un timbre indiquant l'inaliénabilité. Tout délégué d'une société qui sera élu administrateur devra faire transférer à son nom l'action nécessaire, la Société se réservant un second privilège sur le titre cédé *ad hoc*.

Art. 12. — Les administrateurs sont nommés par l'Assemblée générale des actionnaires; la durée de leurs fonctions est de trois ans; ils sont renouvelés par tiers tous les ans ; les membres sortants sont désignés par le sort et rééligibles.

L'Assemblée générale nomme également chaque année des administrateurs suppléants dans les conditions indiquées à l'article 10 ; ils sont appelés à prendre la suite du mandat des administrateurs dont la place deviendrait vacante par suite de démission, décès ou toute autre cause.

Art. 13. — Le Conseil nomme parmi ses membres un secrétaire-général pour une année, il est rééligible. Le Conseil peut choisir dans son sein un ou plusieurs administrateurs-délégués pour des objets généraux ou spéciaux ou pour la direction technique des services.

Le Conseil d'administration se réunit au moins tous les mois, les délibérations devront être prises par   membres au moins.

Les délibérations sont transcrites sur un registre spécial, signées par le président de séance et le secrétaire. Les extraits à produire en justice et partout, au besoin, devront être signés par un administrateur.

Art. 14. — Le Conseil d'administration représente la société vis-à-vis des tiers.

Le Conseil détermine le mode d'administration intérieure de la société et nomme, à cet effet, tout directeur, gérant, économe, caissier et autres employés dont il fixe les attributions et les appointements. En un mot, il révoque et nomme tous les employés quelconques et tous les membres du personnel sans exception.

Il a les pouvoirs les plus étendus pour l'administration et la gestion des affaires sociales. Il agit en justice, contracte, transige, emprunte, compromet, etc. Il consent toutes mainlevées d'hypothèque ou privilège, même sans payement.

Les administrateurs ne contractent, à raison de leur gestion, aucune obligation personnelle ; ils ne répondent que de l'exécution de leur mandat et des fonctions qu'ils n'auront pas déléguées à des mandataires techniques.

Art. 15. — L'Assemblée générale régulièrement constituée représente tous les actionnaires ; ses décisions sont obligatoires, même pour les absents.

Elle se compose de tous les actionnaires porteurs d'au moins une action. Les titres devront être déposés huit jours francs avant l'Assemblée générale, soit au siège social, soit dans tel établissement désigné ou agréé par le Conseil d'administration.

Art. 16. — Nul ne peut représenter un actionnaire, s'il n'est lui-même actionnaire et membre de l'assemblée ; il ne peut, en tous cas, être porteur de plus de deux pouvoirs. La forme des pouvoirs est déterminée par le Conseil d'administration.

Art. 17. — L'ordre du jour est arrêté par le Conseil d'administration ; il n'y est porté que des propositions émanant de ce Conseil et celles qui auront été communiquées par un ou plusieurs actionnaires, représentant le vingtième au moins du capital social, un mois au moins avant l'Assemblée générale ; aucun autre sujet ne peut être mis en délibération.

Art. 18. — L'Assemblée générale ordinaire est régulièrement constituée lorsque les actionnaires présents ou représentés possèdent au moins le quart du capital social.

Art. 19. — Les convocations seront faites par des avis insérés dans un journal d'annonces légales, au moins deux mois à l'avance. Pour les assemblées extraordinaires, ce délai pourra être réduit à un mois ; pour les assemblées constitutives, à trois jours pour la première assemblée et à huit jours pour la seconde.

Art. 20. — Dans le cas où les conditions exprimées par l'article 18 ne seraient pas remplies sur une première convocation, l'Assemblée générale est ajournée de plein droit ; une seconde convocation est faite, dans les mêmes termes, pour quinze jours plus tard.

Dans cette seconde réunion, l'Assemblée générale délibère, quel que soit le nombre des actionnaires présents et la portion du capital représenté, mais seulement sur l'ordre du jour fixé pour la première réunion.

L'Assemblée générale ordinaire doit être convoquée pour la première quinzaine du mois

Art. 21. — L'Assemblée générale est présidée par un actionnaire désigné par l'assemblée ; les scrutateurs sont également nommés par l'assemblée.

Art. 22. — Les délibérations de l'Assemblée générale sont prises à la majorité des voix des actionnaires présents ou représentés.

Chacun d'eux a droit à un nombre de voix en rapport avec le nombre d'actions qu'il possède ou qu'il représente dans la proportion établie ci-après :

De	1 à	2	actions :	une	voix
De	3 à	6	»	deux	»
De	7 à	14	»	trois	»
De	15 à	30	»	quatre	»
De	31 à	62	»	cinq	»
De	63 à	126	»	six	»
De	127 à	254	»	sept	»
De	255 à	510	»	huit	»
De	511 à	990	»	neuf	»
De 1000 et au-dessus :				dix	»

Les votes ont lieu par assis et levés, à moins que le scrutin ne soit demandé par dix membres présents.

Art. 23. — Les délibérations relatives aux modifications des statuts, à la prorogation de la Société ou à sa dissolution, au remplacement d'administrateurs avant l'expiration de leur mandat, ne peuvent être prises qu'en assemblée générale, composée d'actionnaires représentant la moitié au moins du capital social.

Art. 24. — L'Assemblée générale entend le rapport du Conseil d'administration sur la situation des affaires sociales, ainsi que le compte annuel des opérations de la Société ; elle entend également le rapport des commissaires.

Art. 25. — Elle entend, discute, approuve ou rejette les comptes de la Société et détermine, conformément aux articles ci-après, le chiffre des bénéfices à répartir, le mode de répartition et la création des titres.

Elle procède à la nomination du ou des administrateurs et des commissaires.

Elle délibère et statue sur les questions relatives aux intérêts de la Société qui lui sont soumises par le Conseil d'administration.

Elle accorde aux administrateurs des jetons de présence.

Art. 26. — L'Assemblée générale régulièrement constituée a des pouvoirs illimités pour prendre, au sujet des affaires sociales, toutes les décisions qu'elle juge utiles ; elle peut même, à la simple majorité des voix, ordonner la prorogation avant terme, la fusion avec toutes autres sociétés ou entreprises analogues, l'extension des affaires sociales, les emprunts hypothécaires ou autres, l'augmentation du capital par voie d'émissions nouvelles, les modifications aux statuts.

Art. 27. — Les délibérations de l'Assemblée générale sont constatées par des procès-verbaux signés par des membres du bureau.

Les copies ou extraits de ces procès-verbaux à produire où besoin sera, sont valablement certifiés par un administrateur.

Art. 28. — L'Assemblée générale annuelle désigne commissaires chargés de faire un rapport à l'Assemblée générale sur la situation de la Société, sur le bilan et sur les comptes présentés par l'Administration.

Les commissaires seront pris parmi les actionnaires. Ils exerceront leurs fonctions, soit conjointement, soit séparément. En cas de refus ou d'empêchement d'un ou de plusieurs commissaires, leurs collègues pourront vérifier seuls. Leur rémunération est fixée par l'Assemblée générale.

Art. 29. — A défaut de nomination de commissaires par l'Assemblée générale, ou en cas de refus ou d'empêchement de tous les commissaires à la fois, il est procédé à leur nomination ou à leur remplacement, soit par une assemblée composée *ad hoc*, soit par une ordonnance du président du Tribunal de commerce.

Art. 30. — En cas de mauvaise gestion, les commissaires, sous leur responsabilité, ont le droit de convoquer une Assemblée générale en dehors de la date statutaire, à la condition que cette décision soit prise au moins par les deux tiers des commissaires.

Art. 31. — Chaque semestre il sera dressé un état sommaire de la situation active et passive de la Société.

Cet état est mis à la disposition des commissaires par le Conseil d'administration.

L'inventaire, le bilan et le compte de profits et pertes seront mis à la disposition des commissaires, quarante jours avant l'Assemblée générale.

Art. 32. — Le premier exercice commencera le jour de la constitution et finira au 31 décembre de l'année suivante. Le premier exercice finira le 31 décembre.

Le Conseil peut décider la distribution d'un acompte de dividende trimestriel.

Art. 33. — Pour établir les bénéfices il est déduit des produits bruts tous les frais généraux, toutes les charges sociales et tous les amortissements spéciaux ou généraux que le Conseil d'administration jugera utiles.

Des bénéfices nets ainsi calculés il sera déduit:

1° 10 0[0 pour constituer un fonds de réserve. Ce chiffre pourra être augmenté par l'Assemblée générale annuelle, mais le fonds de réserve ne pourra pas dépasser la moitié du capital social;

2° 50 0[0 pour être versé à un fonds de réserve spécial. Ce fonds de réserve spécial sera à la disposition du Conseil d'administration, lequel devra l'employer à développer la prospérité et l'influence de la Bourse, par l'un des deux moyens suivants: 1° propagande en faveur de l'idée coopérative; 2° subvention à des sociétés coopératives de consommation ou de production.

Le reliquat net constituant les bénéfices distribuables sera réparti : CO 0|0 aux actions à titre de dividende, 40 0|0 au personnel, suivant règlement à établir par le Conseil d'administration.

Art. 34. — En cas de perte des trois quarts du capital social, les administrateurs sont tenus de provoquer la réunion de l'Assemblée générale des actionnaires, à l'effet de statuer sur la liquidation ou la reconstitution de la Société.

Art. 35. — Dans le cas de dissolution, l'Assemblée générale déterminera le mode de liquidation à suivre et nommera, s'il y a lieu, le ou les liquidateurs, dont elle fixera le traitement ou les pouvoirs.

En principe et sauf décisions contraires prises par les deux tiers des votants, le Conseil d'administration sera chargé de la liquidation.

Les pouvoirs de l'Assemblée générale, tels qu'ils ont été ci-dessus fixés par les présents statuts, continueront même après la dissolution.

L'actif sera réalisé, soit en titres d'une autre société ayant une valeur nominale, soit en espèces.

Le produit de la réalisation sera réparti également entre toutes les actions.

Art. 36. — Le fait de posséder une action entraine pour les actionnaires, dans toutes leurs contestations avec la Société, attributions de juridiction aux tribunaux compétents du département tant en demandant qu'en défendant.

Aucune action, quelle qu'elle soit, émanant d'un actionnaire, d'un créancier ou d'un tiers, ne pourra être dirigée contre la Société sans qu'au préalable la question litigieuse ait été soumise à l'arbitrage de l'Assemblée générale. Tout actionnaire ou tout tiers, par le fait qu'il traite avec la Société, déclare accepter cette clause.

Le citoyen Wellhoff demande la parole. Il désire qu'en principe, le Congrès donne son adhésion à ces statuts, étant entendu que ce n'est seulement qu'un vote de principe.

Le Président met aux voix cette proposition qui est adoptée. Il demande ensuite le nombre de séances que va tenir le Congrès par jour ; deux, sont adoptées, celle du matin à neuf heures, celle de l'après-midi à deux heures et demie, étant entendu que les séances commenceront un quart d'heure après l'heure fixée, quel que soit le nombre des présents.

Le citoyen Guillemin demande la parole pour une question de forme.

Il prie le Congrès de décider quelle sera la date de l'assemblée constitutive de la Bourse socialiste et l'informe que l'administration actuelle de la Bourse démissionne entièrement. Ce n'est plus seulement la Bourse des Coopératives de Paris, ce sont toutes les coopératives adhérentes, y compris celles du Nord et du Pas-de-Calais qui doivent nommer l'administration.

Le citoyen Delory demande que la commission actuelle reste

jusqu'au jour de la grande assemblée constitutive, afin d'y
apporter tous les renseignements utiles. Cette proposition est
adoptée.

Il demande que l'on fixe de suite la date de cette assemblée.

Le citoyen Wellhoff propose mars 1902 ; d'autres septembre
de la même année.

Le citoyen Delory dit qu'il n'est pas d'avis qu'elle ait lieu
en même temps que le Congrès.

Afin qu'entre la période qui s'écoulera entre la tenue de
l'assemblée générale et le Congrès, on puisse déjà avoir vu la
Bourse à l'œuvre. C'est pour cela qu'il demande que l'assemblée
ait lieu les dimanche et lundi de Pàques.

Cette proposition est adoptée.

La séance est levée.

Séance de l'après-midi

La séance est ouverte à 2 heures 45.

Le citoyen Thédié est élu président ; assesseurs, les citoyens
Pentel et Nottermann.

La citoyenne Bonnevial dit qu'elle a été chargée par l'Union
syndicale des employés des coopératives de consommation et de
production de lire un appel dont elle va donner connaissance à
l'Assemblée :

Appel de l'Union Syndicale des Employés des Coopératives
DE CONSOMMATION ET DE PRODUCTION
aux Citoyens Administrateurs des Sociétés Coopératives
réunies au Congrès corporatif de Lille

Citoyens,

*L'Union syndicale des Employés des coopératives ouvrières de
consommation et de production,* ne pouvant assister au Congrès de
Lille, en tant que syndicat, vous soumet à votre délibération le programme des réformes adopté par elle en réunion corporative du 8
septembre 1901 à l'annexe A de la Bourse du Travail, 35, rue Jean-
Jacques-Rousseau, Paris, et nous espérons, citoyens, que vous discuterez
profondément ces réformes que nous vous soumettons, qui, en aucune
façon, ne peuvent nuire à la bonne marche des Sociétés Coopératives
et que vous reconnaitrez avec nous, citoyens, que pour que des travailleurs apportent tout leur dévouement à une œuvre, il est nécessaire qu'ils
reconnaissent eux-mêmes, Ouvriers et Employés du prolétariat, que le
devoir et la tàche qu'ils remplissent n'est pas pour eux la continuation
de la domination et l'exploitation patronale, mais, au contraire, une

œuvre de collaboration à laquelle ils doivent apporter tout leur dévouement.

Cette collaboration dévouée, ayant pour but de faire grandir et prospérer un des moyens pour arriver à l'émancipation des travailleurs et au bien-être de l'humanité entière.

Vu ces considérations, l'*Union syndicale des Employés des coopératives* vous expose avec toute confiance à vos délibérations, en vous exposant en même temps, succinctement, les principales considérations qui en sont la base et qui ont servi à les établir, les réformes suivantes :

1° **Repos hebdomadaire.** — Les Employés des Coopératives ont décidé de vous soumettre cette réforme, car ils ne supposent pas que des travailleurs organisés leurs refuseront ce repos qui a été reconnu obligatoire par la Commission supérieure du travail au ministère du Commerce et que vous n'attendrez pas pour leur accorder cette juste revendication, que les lois bourgeoises vous y aient mis dans l'obligation.

Après discussions très profondes et études longuement mûries et approfondies, discussions ayant pour but de confondre cette réforme avec l'intérêt de la coopération, nous avons décidé de vous demander l'application de ce repos hebdomadaire, de la façon suivante :

Un dimanche sur deux et l'autre jour de repos en semaine.

Et nous nous basons dans cette décision prise par nous sur l'exemple qui nous est fourni par la Société coopérative *La Famille*, rue Malar, qui appliqua le repos hebdomadaire à ses Employés, application qui n'entrave et ne nuit nullement à la progression, à la grandeur et à la prospérité de cette Société.

2° **Unification de la journée de travail.** — Notre union syndicale reconnaissant que, dans un certain nombre de Sociétés, les employés fournissaient 11 et 12 heures de travail effectif, avait tout d'abord eu l'intention de vous proposer l'unification de la journée de 10 heures, mais, vu l'exemple qui nous est fourni par la Société coopérative l'*Égalitaire*, rue Sambre-et-Meuse, qui ne fait faire que 9 heures de travail à son personnel, nous avons décidé de vous soumettre l'unification de la journée de travail à 9 heures, supposant que ce qu'une Société peut faire, les autres peuvent le faire.

3° **Travail égal, salaire égal.** — Considérant que beaucoup de Sociétés coopératives, soit de Consommation, soit de Production, remplacent des hommes par des femmes, dans le travail à effectuer, absolument dans les mêmes buts que le patronat, c'est-à-dire pour avoir la main-d'œuvre à meilleur marché, l'*Union syndicale* a décidé que la femme, à travail égal, devait avoir le même salaire que l'homme. Et nous ne faisons en ceci que de nous rallier aux décisions prises dans tous les Congrès corporatifs qui ont traité cette question. Exemple : l'*Avenir* de Plaisance et la *Bellevilloise*.

4° **Minimum de salaires.** — Vu les salaires insuffisants que beaucoup de Sociétés coopératives accordent à leurs employés et considérant qu'avec de si minimes salaires il leur est impossible de faire vivre et nourrir leurs familles.

Notre Union syndicale a décidé de fixer comme suit le *minimum* de salaires que les sociétés coopératives devront prendre en considération.

180 francs par mois de 30 jours, 186 francs par mois de 31 jours soit un minimum journalier de 6 francs, payables à la semaine, à la quinzaine ou au mois.

5° Obligations des Employés de Coopératives à être syndiqués. — Notre syndicat, ayant comme principe général, de venir en aide aux travailleurs soit en cas de calamités publiques, soit en cas de grève et d'aider de tout son pouvoir au développement de la coopération de consommation ou de production et cette mission, pleine d'humanité, nous étant imposssible à remplir si les Employés des coopératives ne font pas partie de notre syndicat.

Nous avons jugé qu'ils devaient, en vivant de l'organisation prolétarienne, apporter leur quote-part de solidarité à toute œuvre ayant pour but l'émancipation du travailleur et que, pour cela, ils devaient tous faire partie de notre Union syndicale qui, en leurs noms, a le devoir de remplir cette mission. Exemple : *La Ménagère*, 8, rue des Appennins.

6° Placement du personnel nécessaire aux Sociétés coopératives par l'Union syndicale des Employés de Coopératives. — (Question la plus importante pour les Sociétés et pour le syndicat.)

Les sociétés Coopératives prenant encore du personnel, (souvent, si ce n'est pas toujours, personnel très incompétent dans le travail ou la tâche qu'il a à remplir), parmi leurs sociétaires, créent, pour les Employés des coopératives en chômage une douloureuse alternative, car les Administrateurs n'ignorent certainement pas que, sortant de mettre nos services au besoin de la coopération, le commerce ou le patronat ne veut plus de nous ; nous devenons, de par ce fait, les parias du prolétariat après avoir mis notre travail à la disposition de la coopérative, si nous en sortons il y a un fossé qui nous sépare à tout jamais du salariat patronal.

Il faut et il est urgent que les Administrateurs des coopératives comprennent et fassent cesser sans tarder, cette anarchie de choses, et déjà beaucoup de Sociétés coopératives se sont adressé à nous pour avoir leur personnel et jusqu'ici, à de rares exceptions, ils s'en sont trouvés satisfaits. Quant aux autres, celles qui ne l'ont pas fait et qui ont continué à prendre personnel parmi leurs sociétaires en faisant faveur pour le placement à un ami, un collègue et qui, ces camarades, n'ont jamais contribué en aucune façon à l'organisation et à la solidarité syndicale, devront aujourd'hui comprendre leurs devoirs, qui ne doivent pas faire des victimes de la coopération.

Sûrs de trouver parmi nous un personnel compétent pour tous les rayons, soucieux du travail qu'ils auront à remplir, de l'ordre qu'ils devront apporter à la coopération et d'aider encore de toutes leurs forces l'émancipation prolétarienne, les Administrateurs comprendront leurs-

devoirs et sans nul doute ne prendront, à l'avenir, que les Employés au syndicat.

Nous avons tout lieu de croire et nous ne doutons pas qu'il est impossible d'admettre que vous, citoyens Administrateurs, sincères socialistes, vous, les dirigeants d'une œuvre grandiose, sociale et économique qui se nomme coopération, refuseriez à vos Employés, à ces collaborateurs qui prennent part directement à cette œuvre, les quelques réformes qu'ils demandent.

Espérant, citoyens, que ces réformes seront longuement étudiées et que vous donnerez satisfaction à toute une classe que vous dirigez, vous donnerez exemple au patronat exploiteur.

Recevez, citoyens, l'assurance de tous nos souhaits que nous formons pour la grandeur, la force, la prospérité et la progression de la coopération organisée.

Saluts fraternels.

Pour l'Union syndicale des Employés
de Coopératives de Consommation
et de Production et par mandat
Le Secrétaire,
E. DEFAY.

Elle demande que les coopératives ne soient pas plus dures avec leurs employés que les patrons bourgeois et propose l'adjonction de cet appel aux statuts de la Bourse des Coopératives.

Le citoyen Marie dit que ce sont des questions d'ordre intérieur que la citoyenne Bonnevial soulève. Il est d'avis que 'on ne peut pas discuter, ici, cette question, et demande que 'on renvoie l'appel en question aux coopératives avec la brochure des statuts, afin qu'elles s'occupent de la situation matérielle et morale des employés qui sont ignoblement exploités dans certaines d'entre elles.

La citoyenne Bonnevial dit que l'on ne devrait pas prendre les employés dans les coopératives en dehors des membres du syndicat. Il serait nécessaire, néanmoins, que ceux-ci soient coopérateurs.

Le citoyen Delory dit : la citoyenne Bonnevial demande que les employés soient pris dans le sein du syndicat ; on ne peut pas accepter cette manière de voir. Par exemple, un camarade est mis à la porte de l'atelier pour avoir fait trop de propagande socialiste et comme il est signalé il ne peut plus trouver de travail nulle part. Il fait une demande d'emploi dans une coopérative et, parce qu'il n'est pas du syndicat on ne pourra pas le prendre, en sachant cependant que c'est priver sa femme et ses enfants du morceau de pain qui leur est nécessaire. Il lui semble qu'il y a là une lacune.

Le citoyen Guillemin dit qu'on doit établir un parallèle entre une coopérative puissante et une autre qui commence à fonctionner. On ne peut pas donner dans une petite coopérative ce qu'une grande peut donner à ses employés.

Au sujet du repos bi-mensuel, il dit que certaines coopératives ne pourront pas s'imposer ce sacrifice, car c'est le Dimanche que les coopératives font le plus d'affaires, les coopérateurs touchant, pour la plupart, leur salaire le samedi soir.

Le citoyen Wellhoff demande que l'on ne renvoie pas aux calendes grecques ce que les employés sollicitent ; il estime que les conseils d'administration n'ont pas qualité pour s'occuper seuls de cette question. On doit, au contraire, faire adopter les points de principe par les Congrès, afin qu'ils deviennent lois pour les coopératives adhérentes et il insiste pour la discussion immédiate

Le citoyen Serwy dit qu'en Belgique la question a été posée ; elle est apparue sous un jour double : les employés des coopératives étant affranchis du joug capitaliste ont des devoirs à remplir vis-à-vis des coopérateurs. Certains ne veulent pas toujours faire plus de huit heures par jour ; ils croient qu'aussitôt leurs huit heures de travail terminées, avoir accompli tout leur devoir. D'autre part, il n'est pas toujours facile d'appliquer les réformes.

A Gand, la demande avait été aussi faite de fermer les magasins le dimanche ; les camarades ont dû s'y refuser, car s'ils avaient fermé, les coopératives capitalistes leur auraient fait du tort.

On a critiqué aussi les salaires que nous donnions à nos ouvriers en Flandre et pourtant les salaires étaient supérieurs à ceux donnés dans l'industrie privée. Ce sont des considérations dont il faut tenir compte..

Le citoyen Marie dit que la question est effectivement double et que n'étant pas à l'ordre du jour, le Congrès ne peut qu'émettre un vœu.

Il cite la coopérative dont il est administrateur où les employés faisaient auparavant jusqu'à treize heures de travail par jour et qui, depuis que la majorité des administrateurs est socialiste, ne font plus que dix heures — ce qui est encore trop — avec des salaires supérieurs aux anciens.

Il dit aussi que le repos complet du dimanche est presque impossible dans la plupart des sociétés parisiennes. La question est complexe ; il y aurait donc lieu de la renvoyer aux Conseils d'administration des coopératives, en les priant de la résoudre de la façon la plus large.

En ce qui concerne la proposition de la citoyenne Bonnevial, il dit que certains camarades ne veulent pas être syndiqués et qu'il ne faut pas, parce qu'ils ne le sont pas, les priver du refuge qu'ils trouvent à la coopérative.

Le citoyen Lucas dit que les employés de la coopérative qu'il représente travaillent dix heures par jour, gagnent 170 francs par mois et ont un jour de congé mensuel.

En donnant un jour de congé en plus à ces employés, les frais généraux augmenteraient, puisqu'il faudrait absolument un personnel supplémentaire pour assurer le service. Et cela produirait la culbute de la Coopérative qui se maintient à peine actuellement.

Le citoyen Wellhoff demande si le Congrès va discuter la proposition de la citoyenne Bonnevial ou celle du citoyen Marie. Il serait nécessaire de discuter aujourd'hui une de ces deux propositions. On pourrait adopter des points de principe, par exemple, que les employés doivent avoir un repos hebdomadaire. L'article : Travail égal, salaire égal pour les femmes, doit être également discuté aujourd'hui.

Il termine en disant qu'il est partisan de l'Union syndicale des employés de coopérative et demande que certaines garanties soient données à ces employés.

Il faut que ceux pour lesquels une mesure de révocation soit prise, puissent en appeler devant le Conseil d'administration.

La citoyenne Bonnevial dit qu'elle ne veut pas retenir l'attention du Congrès plus longtemps ; elle demande qu'il prenne une déclaration de principe favorable qui ne saurait être refusée, ces employés lui semblant être raisonnables dans leurs réclamations, surtout celle demandant un dimanche sur deux de congé, une réglementation pour les heures de fermeture, l'unification de la durée du travail et le salaire égal pour les femmes employées.

En ce qui concerne cette dernière réclamation, tous les délégués comprendront qu'il est dans l'intérêt des hommes de maintenir le taux des salaires pour les employés des deux sexes. Elle voudrait que l'obligation d'être syndiqué soit faite pour tous les employés des coopératives, celles-ci devant être des pépinières de syndicats, de même que ceux-ci doivent être des pépinières de coopératives.

Elle tient cependant compte pour une forte part de ce que faisait remarquer tout à l'heure le citoyen Delory, mais elle pense qu'il serait préférable que le classement des employés dans les coopératives soit fait par l'entremise du syndicat, les coopératives ayant intérêt à s'adresser à lui.

Le président dit qu'il se trouve en présence de la proposition du citoyen Wellhoff demandant un vote de principe.

La citoyenne Bonnevial demande que, si le Congrès adopte cet ordre du jour, toutes les réclamations contenues dans l'appel qu'elle a lu tout à l'heure, soient inscrites pour être discutées dans le prochain Congrès.

Les citoyens Delory et Marie donnent chacun lecture d'une proposition qu'ils soumettent au Congrès.

Le citoyen Delory n'est pas d'avis d'accepter la proposition Marie parce qu'il n'admet pas toutes les revendications, notamment en ce qui concerne le placement des ouvriers par le syndicat.

Les citoyens Marie, Bonnevial, Delory, Wellhoff et Verhaeghe prennent successivement la parole. A la suite de ces explications, le citoyen Marie retire sa proposition et le Congrès adopte celle du citoyen Delory.

Le citoyen Béghin demande la parole et sollicite du Congrès la discussion immédiate de la première question portée à l'ordre du jour supplémentaire sur l'assurance coopérative, étant obligé de repartir à Paris le soir même.

Le Congrès adopte cette manière de faire.

Le citoyen Béghin dit que si les sociétés acceptaient dès maintenant de verser deux francs par mois, on pourrait, à l'assemblée générale de mars prochain, établir les bases d'une société ; il demande que le Congrès renvoie à cette réunion la fondation définitive et il engage les camarades de l'*Union de Lille*, et de *La Paix*, de Roubaix, à donner le bon exemple ; les parts sont de cent francs.

En terminant, il promet d'envoyer les statuts dans un mois afin qu'au mois de mars prochain on puisse discuter utilement cette question.

Le citoyen Wellhoff déclare que le camarade Béghin met la charrue avant les bœufs. Avant de voter les fonds, il faut d'abord connaître le projet de statuts pour que l'on puisse examiner et décider en connaissance de cause.

D'un autre côté, les coopératives ne pourront voter que des promesses de part et non des parts. En terminant, il estime qu'il faudrait mettre comme titre : « Assurance mutuelle des Coopératives ».

Le citoyen Samson déclare se rallier aux paroles du citoyen Wellhoff.

Le citoyen Béghin dit que les questions qui lui sont posées sont des questions de détail. Le but de l'Assurance n'est pas d'assurer les coopérateurs, mais les coopératives.

Le Congrès ne peut voter en ce moment qu'en principe. Une coopérative d'assurances doit être fondée sur les mêmes bases que les sociétés d'assurances bourgeoises, étant obligée de subir le même régime que celles-ci. Nous sommes obligés de déposer un capital de 50.000 francs ; c'est pourquoi nous vous demandons de vous engager à verser une certaine somme.

Lorsque nous aurons obtenu 100.000 francs de primes ; nous serons certains d'avoir 46.000 francs de bénéfices à la fin de l'année.

Le citoyen Wellhoff dit qu'il est d'avis de faire l'Assurance Coopérative, mais qu'il lui faudrait un projet de statuts pour discuter utilement sur la question.

Le citoyen Béghin, au nom de la Commission d'assurances, s'engage à envoyer à chaque coopérative le projet des statuts.

Le citoyen Wellhoff demande qu'en même temps il soit envoyé à chaque coopérative la manière dont les primes seront perçues, ainsi que la répartition.

Le citoyen Béghin donne quelques explications à ce sujet.

Le citoyen Wellhoff demande la confirmation de ce qui a été décidé au dernier Congrès et dit qu'il est d'avis qu'on ne pourra voter qu'avec le projet des statuts.

Le citoyen Béghin dit que le projet prévoit un cinquième des bénéfices pour la propagande socialiste.

Le citoyen Wellhoff dit qu'il n'est pas possible de voter des parts comme cela, que jamais les coopératives ne consentiront à le faire.

Le citoyen Delory demande que la Commission chargée d'étudier les statuts-types de la Bourse soit chargée, en même temps, d'examiner ceux de l'Assurance Coopérative.

Le citoyen Béghin dit que les bases fondamentales de l'Assurance Coopérative ont été approuvées au dernier Congrès ; il ne peut pas admettre qu'on n'en ait pas tenu compte et dit que depuis un an on a eu tout le temps de discuter cette question. Le Congrès n'a qu'à se conformer aux décisions de celui de l'année dernière, c'est-à-dire voter les parts. Les sociétés coopératives qui en auront souscrites pourront, au mois de Mars, faire appel au capital.

Le citoyen Delory dit que l'Assemblée générale, avant de voter les capitaux, désire qu'on en détermine l'emploi. Les délégués se trouvant à Paris au mois de Mars prochain élaboreront les statuts. Il nous faut quelque chose de ferme comme organisation, car sans cela nous nous buterons toujours à des impossibilités.

Le citoyen Wellhoff est d'accord avec le citoyen Delory ; il est d'avis que l'on discute les bases en même temps que le fonctionnement de l'assurance.

Le citoyen Guillemin dit que puisque les camarades du Nord demandent qu'on leur envoie le projet des statuts, on n'a qu'à les envoyer tous à la Fédération des Coopératives du Nord qui fera le nécessaire auprès de ses sociétés adhérentes et quand celles-ci auront décidé en assemblée générale, elles s'en rendront compte dans le congrès de mars prochain.

Le citoyen Wellhoff demande que la question soit remise au prochain congrès.

Le citoyen Marie dit que, si les statuts avaient été envoyés aux Coopératives du Nord on serait plus avancé qu'on ne l'est aujourd'hui. Il engage la Commission à les envoyer à ces coopératives avant le 1er novembre.

Le citoyen Delory accepte les paroles prononcées par le citoyen Marie et propose la résolution suivante :

« Le Congrès, après avoir entendu les explications du citoyen Béghin, prend acte de ce que la Commisssion se chargera d'envoyer les statuts aux coopératives ainsi que le mode de fonctionnement avant le 1er novembre 1901 et renvoie l'étude de la question au prochain Congrès. »

Cette proposition est adoptée à l'unanimité.

Le Congrès aborde la troisième question de l'ordre du jour :

Élaboration des statuts-types pour les sociétés adhérentes à la Coopération socialiste

Le citoyen Guillemin rappelle qu'il a envoyé le projet des statuts-types à toutes les sociétés adhérentes et demande que ce soit mis en discussion.

— Adopté.

On passe immédiatement à la discussion des articles.

Les articles 1er, 2 et 3 sont adoptés sans changement.

Art. 4. — Au lieu de : La Société « produit », achète en gros, reçoit, etc., le Congrès adopte : La Société « fabrique », reçoit, etc

Les articles 5, 6 et 7 sont adoptés sans changement.

Art. 8. — Au lieu de : Le fonds social est fixé quant à présent à ..... francs et divisé en ..... parts sociales de ..... chacune, le Congrès adopte : parts d'intérêt de ..... chacune.

Les articles 9, 10 et 11 sont adoptés sans changement.

Art. 12. — Après explications des citoyens Guillemin et Wellhoff et sur la proposition de ce dernier, le Congrès décide de supprimer la partie de phrase suivante :

« Ou en consentir le transfert au profit d'une ou de plusieurs autres personnes, à son choix, mais sous réserve de l'article 14 ci-après. »

Considérant que cela permettrait par la tenue d'un livre de transfert l'entrée du fisc dans les coopératives.

Art. 13. — Sur la proposition du citoyen Wellhoff, le Congrès adopte la suppresion de la partie de phrase suivante : « En cas de révision des statuts, un nouveau livret sera délivré gratuitement à chaque sociétaire. »

Et son remplacement par :

« Dans le cas de révision des statuts, le projet de modifications pourra être envoyé à tous les sociétaires. »

L'article 14 est supprimé en raison des modifications de l'article 12.

Art. 15. — Adopté sans changement.

Art. 16. — Le deuxième texte est supprimé.

L'article 17 est réservé jusqu'à la fin.

L'article 18 est adopté sans changement.

Voir discussion pour les articles 19 et 20.

L'article 21 est adopté sans changement.

L'article 22 est supprimé.

L'article 23, après explications entre les citoyens Delory, Wellhoff, Thédié, Salembier et Marie, le Congrès adopte, [sur la proposition du citoyen Delory, qu'à la phrase suivante : «En cas de vacances après épuisement des suppléants, le Conseil d'Administration pourvoit provisoirement au remplacement en appelant les candidats suivants ayant obtenu le plus grand nombre de voix », soit rectifiée ainsi : «..... pourvoit provisoirement au remplacement des administrateurs qui viendraient à manquer ».

Art. 24. — Après explications entre les citoyens Delory, Wellhoff, Guillemin, le Congrès adopte, sur la proposition de Delory, que le Conseil se renouvellera par tiers tous les ans au lieu du renouvellement complet tous les deux ans comme il avait été proposé.

A la suite de cet article, il sera mis entre parenthèses : Avis important. L'expérience a démontré qu'il y avait intérêt à mettre la durée du mandat la plus longue possible.

Art. 25. — Après explications des citoyens Delory, Marie

et Wellhoff et sur la proposition de ce dernier, il est décidé d'ajouter :

« Etre propriétaire chacun d'une part d'intérêt et de supprimer la partie suivante :

Les parts sont inaliénables, frappées d'un timbre indiquant l'inaliénabilité et déposées dans la caisse sociale.

Art. 26. — (Voir discussion).

Art. 27. — Après explications entre les citoyens Marie, Delory, Guillemin, Nottermann, Wellhoff et sur la proposition de ce dernier, le texte entier de cet article est remplacé par :

« Tous les ans, le Conseil nomme parmi ses membres un administrateur-délégué dont il détermine les pouvoirs. »

Art. 28. — Après explications des citoyens Notterman et Wellhoff, le Congrès adopte, sur la proposition de ce dernier, l'addition suivante :

Au lieu de : « Après trois absences non motivées, le membre manquant... »

Mettre : « Après trois absences consécutives non motivées, l'administrateur ayant été dûment appelé par lettre recommandée, lors de « la seconde absence du membre manquant... »

Art. 29. — Il est décidé de supprimer la partie de phrase suivante : « Sans toutefois que cette majoration puisse excéder... pour cent en moyenne. »

L'article 30 est supprimé.

L'article 31 est adopté sans changement.

Art. 32. — Après explications entre les citoyens Wellhoff et Marie et sur la proposition de ce dernier, on remplace : « Qui ne deviendra obligatoire qu'après approbation par l'assemblée générale ordinaire. »

Par : « Qui concernera la marche générale de la Société. »

Art. 33. — Est adopté par changement.

L'article 34, après explications entre les citoyens Wellhoff, Marie, Guillemin, Delory et sur la proposition de ce dernier, le texte entier de l'article 34 est modifié ainsi :

« Les différentes fonctions de la Société seront, s'il y a lieu, rémunérées suivant les conditions prévues à l'article 32.

Art. 35. — Sur la proposition du citoyen Wellhoff, la phrase suivante est supprimée :

Pour être élus, les membres permanents et suppléants doivent « réunir les conditions prescrites pour les membres du Conseil d'administration. »

Art. 36. — Après explications des citoyens Wellhoff et Marie, le Congrès adopte, sur la proposition de ce dernier, que le nombre de jours soit laissé en blanc.

L'article 37 est réservé sur la proposition du citoyen Béghin jusqu'après la discussion du titre 8.

Art. 38, premier paragraphe. — Sur la demande du citoyen Wellhoff, on met : ils devront être convoqués individuellement et la convocation sera faite dans un journal de la localité autorisé pour faire les annonces légales et spécialement désigné par l'assemblée générale au lieu de : « Convoqués individuellement par circulaire. »

Deuxième paragraphe (voir la discussion).

Art. 39 est rédigé comme suit :

Les assemblées générales ordinaire et extraordinaire sont convoquées au moins huit jours à l'avance par une insertion faite dans un journal d'annonces légales. La date de la réunion est en outre affichée dans la salle du siège social pendant le même délai.

Art. 40. — Après explications entre les citoyens Delory, Béghin, Marie, le Congrès adopte, sur la proposition de Delory que les amendes seront perçues au bénéfice de la Commission spéciale.

Art. 41. — La première phrase est transformée ainsi, sur la proposition du citoyen Wellhoff :

L'assemblée générale est valablement constituée lorsque les sociétaires présents forment au moins le quart ou la moitié du capital social, suivant les cas prévus par la loi.

A ce moment, le citoyen Guillemin annonce l'arrivée dans la salle du citoyen Bouvery, maire de Montceau-les-Mines et député de Chàlon-sur-Saòne. Il le présente à l'assemblée.

Le citoyen Delory lui souhaite la bienvenue. Nous ne sommes pas bien nombreux, dit-il, mais les délégués, ici présents, représentent beaucoup de coopérateurs. Nous avons été heureux d'apprendre votre envoi à la Chambre des députés, car nous sommes persuadés que les ouvriers trouveront en vous un défenseur ardent et dévoué.

Le citoyen Bouvery remercie le citoyen Delory des paroles qu'il vient de prononcer au nom des délégués et dit que si les coopératives de Saône-et-Loire n'ont pas répondu plus tôt à l'appel qui leur avait été adressé, c'est par suite de l'extrème misère qu'il y a dans cette région : elles n'avaient pas moyen de se faire représenter. Il vient apporter l'adhésion des 25 coopératives des environs de Montceau.

La discussion continue.

Les articles 42 et 43 sont adoptés sans changement.

Art. 44. — La dernière phrase : Tous les sociétaires présents devront émettre un vote sous peine d'une amende de qui sera versée à est supprimée.

Les articles 45 et 46 sont adoptés sans changement.

Art. 47. — La première partie est transformée ainsi. L'année sociale commence le

Il sera dressé chaque semestre ou chaque année un inventaire général de l'actif et du passif de la Société.

L'article 48 est adopté sans changement.

Par suite de l'obscurité régnant dans la salle, le Congrès décide de continuer la discussion sur les statuts dans la séance du premier octobre.

Les délégués proposent de se réunir à 8 heures du matin, mais à la suite d'explications, il est décidé que l'on se réunira à neuf heures très précises.

La séance est levée.

TROISIÈME JOURNÉE

Séance du matin

La séance est ouverte à 9 heures du matin sous la présidence du citoyen Bouvery, maire de Montceau-les-Mines et député de Châlon-sur-Saône.

Les citoyens E. Sohier, maire d'Houplines, représentant l'*Union d'Houplines* et Cuvelier, représentant l'*Avenir des Ouvriers d'Armentières*, prennent place au bureau comme assesseurs.

Etant donnée l'importance des questions restant à discuter à l'ordre du jour, le citoyen Broussous, sténographe, se charge du compte rendu de cette dernière séance.

La discussion sur l'élaboration des statuts-types pour les sociétés adhérentes à la Coopération socialiste qui n'avait pas été terminée complètement dans la séance d'hier est immédiatement reprise ; les citoyens Wellhoff, de la *Paix*, de Roubaix, et Guillemin, de la *Bourse coopérative socialiste de Paris* sont chargés de la rédaction définitive de ces statuts qui, après examen fait par eux sont adoptés définitivement dans la teneur suivante :

STATUTS DE LA COOPÉRATION SOCIALISTE

TITRE *(Nom de la Société)*

Société anonyme à personnel et capital variables

Fondée le .... 19 ..... Siège social : .... à ....

STATUTS

TITRE PREMIER (1)

Dénomination, Objet, Durée, Siège

Article premier. — Il est formé entre tous les Sociétaires actuels et tous ceux qui seraient ultérieurement admis, une Société a personnel et capital variables, conformément aux dispositions de la loi.

Art. 2. — La Société prend la dénomination de . . . .
. . . .

Art. 3. — Elle a pour but :

1° De fournir à ses associés des produits et marchandises de qualité vraie et de poids sincère.

2° De réaliser, au bénéfice de ses membres et dans l'intérêt de toute œuvre utile à l'émancipation des travailleurs, des économies sur les dépenses de consommation.

Deuxième formule s'appliquant aux Sociétés vendant à tout le monde.

Elle a pour but :

1° De fournir à ses associés ou à toutes autres personnes quelconques, des marchandises de bonne qualité et de poids sincère.

. . . .

Art. 4. — La Société fabrique, reçoit en consignation dans ses magasins, tous produits et marchandises qu'elle répartit à ses associés, d'après les prix qui seront déterminés par le Conseil d'Administration, ainsi qu'on le verra ci-après.

La Société pourra, en vertu de délibérations prises par l'assemblée générale, créer, ou aider à créer, dans la suite, tous établissements d'utilité générale, fondés sur le principe de la coopération socialiste.

Art. 5.— (2) La Société répartira expressément au comptant.

---

(1) Nous avons mis en tête de ces statuts : « Statuts de la coopération socialiste », voulant, en cela, donner un caractère général à ce travail ; néanmoins, chaque Société peut choisir le titre qui s'approprie le mieux à son milieu.

Il doit comprendre la dénomination, l'objet, la durée, le siège.

(2) Une Société doit avoir pour base la vente au comptant; c'est une cause de réussite et un principe ; mais rien n'empêche de constituer ainsi que cela se fait dans quelques sociétés, une Caisse de crédit, ou de prêt, ou de solidarité, afin de ne pas éloigner de nos sociétés les pauvres gens et les inconscients.

Art. 6. — La durée de la Société est fixée à   ans, à compter du jour de sa constitution définitive, sauf les cas de prorogation ou de dissolution anticipée prévus aux présentes.

Art. 7. — Le siège social est fixé à   rue n°   il pourra être transféré ailleurs, par décision de l'assemblée générale (ou du Conseil d'administration).

TITRE II

Capital social, Parts sociales

Art. 8. — Le fonds social est fixé quant à présent à   francs et divisé en   parts d'intérêt de   chacune.

Art. 9. — Le capital social pourra être augmenté par des versements successifs faits par les associés, ou l'admission de nouveaux membres dans les limites qui pourront être fixées annuellement par délibération de l'assemblée générale des sociétaires, conformément aux articles 48 et 49 de la loi du 24 Juillet 1867.

Art. 10. — Il pourra, par contre, être réduit par suite de reprise d'apports résultant de retraite, exclusion, décès d'associés : toutefois, tout sociétaire qui se retirera, soit volontairement, soit involontairement, ne pourra réclamer autre chose que le montant de sa part sociale ou de ses parts sociales, à concurrence de ses versements. Mais le capital ne pourra être réduit au-dessous du
(*La loi de 1867 indique comme minimum le dixième*).

Art. 11. — Le montant des parts sociales est payable en espèces. Les Sociétaires pourront se libérer par anticipation ou opérer leurs versements dans les conditions indiquées sous l'article 13 ci-après.

Art. 12. — Les parts sont nominatives, même après leur entière libération. Elles ne donnent droit à aucun intérêt ; aucun membre de la Société ne pourra être propriétaire de plus de   parts. Si, par suite de donations, legs ou autrement, un sociétaire se trouvait être propriétaire de plus de   parts, il devra demander le remboursement des parts excédant celles autorisées.

Art. 13. — Lors du premier versement, il sera remis aux souscripteurs un livret du coût de . . . .
Ce livret contiendra les statuts de la Société et sera disposé de la façon la plus pratique pour y insérer les versements de chacun d'eux.

Dans le cas de revision des statuts, le projet de modifications pourra être envoyé à tous les sociétaires. La libération entière de la part sera certifiée sur le livret par la signature de deux administrateurs. Pour faciliter à chacun la possession d'une part, les sociétaires nouveaux qui ne pourraient ou ne voudraient se libérer immédiatement de l'intégralité de leur part, auront la faculté de se libérer du montant de leur souscription par des versements partiels. La libération entière de la part sociale devra se faire dans le délai de . . . .

· jusqu'au moment où le montant de leur souscription aura été libéré du dixième, les sociétaires seront simplement des adhérents à la Société.

Art. 14. — Toute part est indivisible. La Société ne reconnaît qu'un propriétaire pour chaque part. La possession d'une part et même la simple souscription, comme adhérent, comporte de plein droit : adhésion aux statuts de la Société et aux décisions de l'Assemblée générale ainsi qu'à tous règlements d'administration intérieure qui seraient ultérieurement dressés.

TITRE III

Admissions. — Retraites. — Exclusions.

Art. 15. — Nul ne sera admis comme sociétaire qu'en vertu d'une délibération du Conseil d'administration prise à la majorité des voix. La Société n'admet sans présentations comme sociétaires que des ouvriers appartenant à un Syndicat ou à un groupe d'Etudes sociales appartenant au Parti socialiste.

Toute autre personne désirant faire partie de la Société sera soumise à un parrainage dans les conditions déterminées par un règlement d'ordre intérieur.

Art. 16. — Tout sociétaire a le droit de se retirer de la Société dans les conditions déterminées par le même règlement.

Art. 17. — L'assemblée générale peut modifier les statuts à la condition que ce soit porté à l'ordre du jour, et a le droit de prononcer l'exclusion d'un associé à la majorité des présents, sous réserve de l'art. 42.

Art. 18. — La retraite et l'exclusion d'associés cessent d'être praticables si le capital est réduit au minimum fixé par l'art. 11.

Art. 19. — Lors de la retraite volontaire ou forcée d'un associé, la Société lui remboursera dans les (1)   de sa radiation la valeur nominale de sa part à concurrence de ses versements ; s'il y a des pertes, le remboursement n'a lieu que sous la déduction de la part de l'associé dans les pertes.

En cas de décès de l'un des associés, la Société remboursera à ses héritiers ou représentants le montant de sa part, dans le délai déterminé d'autre part, également à concurrence de ses versements.

. En cas de retraite collective de plus de cent membres, la Société n'est tenue à rembourser que dans le délai de   . Dans aucun cas, l'associé sortant, démissionnaire ou exclu, ne pourrra réclamer sa part dans le fonds de réserve.

L'associé qui cesse de faire partie de la Société reste tenu pendant cinq ans envers ses co-associés et envers les tiers de toutes les dettes et de tous les engagements de la Société contractés avant sa sortie. Mais cette responsabilité ne pourra, dans aucun cas, excéder le montant de sa part.

---

(1) La date se fixe selon la situation de la Société.

Si l'un des sociétaires, en vue de faire partie d'une autre société coopérative, demande le transfert de sa part à cette nouvelle société, ce transfert sera effectué sans autre retenue que les frais d'envoi et de correspondance.

Art. 20. — En cas de retraite volontaire ou forcée, de même qu'en cas de décès ou de faillite d'un associé, la Société n'est pas dissoute ; elle continue de plein droit entre les autres membres, sans qu'en aucun cas il puisse y avoir lieu à apposition de scellés, ni à inventaire spécial.

TITRE IV

Administration de la Société

Art. 21. — La Société est administrée par un Conseil composé de . . . . . membres nommés par l'Assemblée générale et choisis parmi les associés.

Cette nomination aura lieu au scrutin public ou secret.

En cas d'égalité de suffrages entre deux candidats, le plus ancien sociétaire sera élu.

Pour remplacer les vides qui pourraient se produire dans le Conseil pendant l'intervalle de deux assemblées générales par suite de démission, décès ou autrement, il est nommé par l'assemblée générale. . . membres suppléants qui prendront place au sein du Conseil, au fur et à mesure des vacances. Ces membres, nommés à la majorité des votants, sont appelés à faire partie du Conseil, dans l'ordre du nombre des suffrages obtenus, en commençant par le plus fort.

En cas d'égalité de suffrages, l'ancienneté comme sociétaire primera.

Les fonctions de suppléant, devenu administrateur, cessent à la même époque que celle qui avait été fixée pour le membre remplacé.

En cas de vacances, après épuisement des suppléants, le Conseil d'administration pourvoit provisoirement au remplacement des administrateurs qui viendraient à manquer.

Art. 22. — Les membres du Conseil sont élus pour trois ans ; le Conseil se renouvelle par tiers tous les ans. Les membres sortants sont rééligibles. Provisoirement, pour les trois premières années de la fondation, les membres soumis à la réélection sont désignés par le sort.

Avis important. — *L'expérience a démontré qu'il y avait intérêt à mettre la durée du mandat la plus longue possible.*

Art. 23. — Les administrateurs doivent, pendant la durée de leurs fonctions, être propriétaires chacun d'une part d'intérêt. Cette part est affectée à la garantie de tous les actes de la gestion. Le sociétaire qui veut se présenter aux suffrages de ses co-associés pour administrer la Société, ou faire partie de la Commission de surveillance, dont il sera question ci-après, doit en faire la déclaration au Conseil quinze jours au moins avant la date fixée pour l'assemblée générale et prouver son éligibilité.

Art. 24. — Pour faire partie du Conseil d'administration ou de la

Commission de surveillance, le sociétaire devra : 1° être sociétaire ; 2° avoir effectué sur sa part tous les versements exigibles : 3° être membre de la société depuis deux ans, sauf lors de la fondation. Faire acte de coopérateur en consommant au moins. . . . francs de marchandises annuellement.

Nul ne peut faire partie du Conseil d'administration ou de la Commission de surveillance : 1° s'il exerce une profession s'opposant d'une manière quelconque au but de la Société ; 2° s'il est sous le coup d'une radiation ; 3° les ascendants ou descendants, ainsi que les frères et sœurs des employés de la Société ou les alliés au même degré.

Les candidats devront justifier qu'ils jouissent de leurs droits civils et politiques.

Art. 25. — Tous les ans, le Conseil nomme parmi ses membres, un administrateur-délégué dont il détermine les pouvoirs. .

Art. 26. — Le Conseil se réunit au lieu désigné par la convocation, aussi souvent que les besoins de la Société l'exigent et au moins une fois par mois. La présence de la majorité des membres est nécessaire pour la validité des délibérations. Les membres du Conseil seront tenus d'assister à toutes les délibérations, sauf à se faire excuser valablement. Le Conseil est juge de la validité des excuses présentées par ses membres en cas d'absence.

Après trois absences consécutives non motivées, l'administrateur ayant été dûment appelé par lettre recommandée, pour assister à la troisième réunion, sera considéré comme démissionnaire et remplacé par le suppléant premier inscrit. Les délibérations sont prises à la majorité des voix ; en cas de partage, la voix du président de séance est prépondérante. Les délibérations du Conseil sont transcrites sur un registre spécial et signées au moins par le président de séance et le secrétaire. Les copies ou extraits sont délivrés et signés par deux membres du Conseil d'administration.

Art. 27. — Le Conseil a les pouvoirs les plus étendus pour la gestion des biens et affaires de la Société, sous les réserves spécifiées à l'art. 32.

Il pourvoit à l'établissement, l'aménagement, l'approvisionnement des magasins sociaux, à la préparation, suivant les procédés qui lui paraissent les plus convenables, des denrées et marchandises destinées à la répartition. Il règle le mode, les conditions et le prix de répartition de chaque objet, en se basant sur la nature et les risques des produits en magasin, de manière à couvrir les frais généraux de toute sorte. Il peut traiter, transiger, compromettre, donner tous désistements, mains-levées avec ou sans paiement, et accepter tout legs ou toute donation qui pourra être faite à la Société. Il convoque l'assemblée générale, arrête l s comptes à lui soumettre et propose, s'il y a lieu, la répartition des trop-perçus. Il représente la Société en justice, tant en demandant qu'en défendant.

Art. 28. — Le Conseil peut déléguer tout ou partie de ses pouvoirs à un ou plusieurs agents pris dans son sein ou parmi les associés.

Il a notamment le droit de nommer ou de révoquer les employés.

Art. 29. — Il devra élaborer un règlement d'ordre intérieur qui concernera la marche générale de la Société.

Art. 30. — Les fonds disponibles devront être déposés dans un établissement de crédit désigné par le Conseil.

Art. 31. — Les différentes fonctions de la Société seront, s'il y a lieu, rémunérées dans les conditions qui devront être prévues par le règlement, à l'article 29.

TITRE V

Commission de Surveillance

Art. 32. — Il est nommé, dans les mêmes conditions que le Conseil, une Commission de   membres, renouvelable en entier tous les ans, chargée de remplir la mission de surveillance prescrite par la loi. Il est également nommé trois membres suppléants.

La Commission de surveillance se réunit aussi souvent que les besoins de la Société l'exigent, et au moins une fois par mois en réunion générale. Elle a droit en tout temps, et chaque fois qu'elle le juge convenable dans l'intérêt social, de prendre communication des livres, documents et pièces comptables pour examiner les opérations de la Société.

En cas d'urgence, elle peut convoquer l'assemblée générale. Elle peut, en outre, recevoir telles attributions qu'il convient à l'assemblée de lui donner.

Art. 33. — A la fin de chaque exercice, la Commission de surveillance fait un rapport à l'Assemblée générale ordinaire sur la situation de la Société, sur le bilan et sur les comptes présentés par les administrateurs. La Commission de surveillance doit remettre ce rapport au Conseil au moins   jours avant l'assemblée générale.

TITRE VI

Commission de Propagande

Art. 34. — Les fonds prélevés sur les chiffres d'affaires et destinés à la propagande sont versés à une caisse spéciale, gérée par une Commission composée de   membres, nommés dans les mêmes conditions que le Conseil d'administration.

Les sommes versées à la Caisse de propagande seront affectées par la Commission à l'emploi qui lui semblera le plus utile aux intérêts des travailleurs, *sans que, en aucun cas, et sous aucun prétexte que ce soit, il puisse lui être demandé justification soit de l'emploi, soit du mode d'emploi.*

La Commission de propagande devra tenir un compte exact de ces sommes, et la gestion sera soumise à la vérification de la Commission de surveillance (1).

---

(1) On peut changer le titre de Commission de propagande en Commission de solidarité et transformer l'article comme suit :

« Les fonds prélevés sur le chiffre d'affaires ou sur les frais généraux sont destinés à des œuvres d'utilité sociale. »

TITRE VII

Assemblées générales

Art. 35. — L'assemblée générale, régulièrement convoquée et constituée, représente l'universalité des sociétaires. Elle se compose de tous les associés. Ils devront être convoqués individuellement et la convocation sera faite dans un journal se vendant dans la localité, autorisé pour faire les annonces légales et spécialement désigné par l'assemblée générale(1).

L'assemblée générale ordinaire est convoquée par le Conseil d'administration tous les   le   des mois de   et de ou de midi à   .

L'assemblée générale se réunit, en outre, extraordinairement, toutes les fois que le Conseil d'administration en reconnaît l'utilité ou que les commissaires de surveillance le requièrent d'urgence.

Art. 36. — Les assemblées générales ordinaires et extraordinaires sont convoquées au moins 8 jours à l'avance par une insertion faite dans un journal d'annonces légales, la date de la réunion est, en outre, affichée dans la salle du siège social pendant le même délai.

Art. 37. — La présence aux assemblées générales est obligatoire pour tous les associés, sauf le cas de maladie dûment constatée ou les périodes d'instruction militaire, sous peine d'amendes qui seront perçues au bénéfice de la Commission spéciale.

A cet effet, chaque sociétaire devra remettre, au commencement de de la séance, un bulletin portant son nom. Un tableau des amendes encourues sera affiché pendant un mois au siège social, afin de provoquer les réclamations s'il y a lieu.

Passé ce délai, aucune réclamation ne sera admise.

Art. 38. — L'assemblée générale est valablement constituée lorsque les sociétaires présents forment au moins le quart ou la moitié du capital social suivant les cas prévus par la loi. Dans le cas où une assemblée générale ne réunirait pas les conditions nécessaires, une nouvelle convocation serait faite à quinzaine de la manière sus-indiquée et les décisions qui seront prises seront valables, quel que soit le nombre de parts représentées, pourvu que ces décisions ne portent que sur les objets mis à l'ordre du jour de la première réunion.

Art. 39. — Il est dressé une feuille de présence mentionnant les noms et domicile des sociétaires et le nombre de leurs parts. Cette feuille, certifiée par le bureau, est communiquée à tout requérant. Les délibérations sont prises à la majorité des voix.

Chaque sociétaire ne possède qu'une voix, quel que soit le nombre de ses parts sociales.

Art. 40. — L'assemblée générale ordinaire ou extraordinaire est présidée par un Sociétaire désigné par l'assemblée à cet effet, à moins que l'assemblée n'en décide autrement. Deux sociétaires, choisis par

---

(1) On peut très bien ne faire qu'une assemblée générale par an. C'est le minimum.

l'assemblée, remplissent les fonctions de scrutateurs. Le secrétaire est choisi par le bureau.

Art. 41. — L'ordre du jour est arrêté par le Conseil d'administration :

1° L'assemblée générale ordinaire entend les rapports des administrateurs et de la Commission de surveillance sur la situation de la Société, sur le bilan, sur les comptes ;

2° Elle discute et, s'il y a lieu, approuve les comptes ;

3° Elle fixe les trop-perçus à répartir ;

4° Elle autorise tous emprunts avec ou sans hypothèques ou tous placements de fonds, en fixe les conditions ;

5° Elle nomme les administrateurs à remplacer et les commissaires de surveillance pour l'exercice suivant.

Elle délibère et statue souverainement sur toutes les questions qui ne sont pas du ressort du Conseil et lui confie tous les pouvoirs supplémentaires qui seraient reconnus utiles.

Tous les votes auront lieu à mains levées, sauf pour ce qui a trait au paragraphe 4, qui pourrait se faire au scrutin secret.

Dans ce cas, l'assemblée désignera   scrutateurs qui dépouilleront le vote avec l'assistance d'un membre du Conseil d'administration et d'un membre de la Commission de surveillance.

Art. 42. — L'assemblée générale peut apporter des modifications aux statuts, sauf dans son but essentiel spécifié au paragraphe 2, article 3 ; proroger ou dissoudre la Société, augmenter ou réduire le capital social, réunir ou fusionner la Société avec d'autres ; elle a, en un mot, les pouvoirs les plus étendus. Dans ces divers cas, l'assemblée doit être composée d'un nombre de sociétaires représentant au moins la moitié du capital social et les avis de convocation doivent indiquer sommairement l'objet de la réunion.

Art. 43. — Les délibérations des assemblées générales ordinaires ou extraordinaires sont constatées par des procès-verbaux inscrits sur un registre spécial et signés par les membres du bureau ou au moins par la majorité d'entre eux.

Les copies ou extraits de ces procès-verbaux, à produire partout au besoin, seront signés par deux administrateurs.

TITRE VIII

Etats annuels ou semestriels. — Inventaires
Trop-perçus

Art. 44. — L'année sociale commence le.......

Il sera dressé chaque semestre ou chaque année un inventaire général de l'actif ou du passif de la Société.

Cet inventaire est présenté à l'assemblée générale, et tout sociétaire peut en prendre connaissance à l'avance, au siège de la Société.

En outre, une copie du bilan sera remise à tout sociétaire qui en fera la demande.

Art. 45. — Les trop-perçus, déduction faite des frais généraux et autres charges sociales, sont répartis comme suit : 100 °/₀ aux sociétaires (1).

Art. 46. — Les frais généraux comprennent tous les frais ordinaires de la Société, plus les frais d'amortissement du matériel, plus les prélèvements du fonds de réserve et du développement.

Art. 47. — Les frais comprendront, en outre, un prélèvement qui sera fixé par les congrès coopératifs et qui, devant être affecté à des œuvres de solidarité et de propagande ouvrière ainsi que lesdits Congrès, en établiront les bases et la répartition.

TITRE IX
Fonds de réserve

Art. 48. — (2). Le fonds de réserve est constitué par des prélèvements sur les trop-perçus à raison de 5 0/0, il est destiné à parer aux événements imprévus. Lorsqu'il aura atteint la moitié du capital social, les fonds qui lui sont affectés seront versés à la caisse de développement de l'entreprise. Les prélèvements reprendraient leurs cours si la réserve venait à être entamée. A l'expiration de la Société et après la liquidation de ses engagements, le fonds de réserve sera partagé entre toutes les parts.

TITRE X
Dissolution. — Liquidation

Art. 49. — En cas de perte de la moitié du capital social, les administrateurs seront tenus de convoquer l'Assemblée générale de tous les sociétaires à l'effet de statuer sur la question de savoir s'il y a lieu de prononcer la dissolution de la Société. La résolution de la Société sera, dans tous les cas, rendue publique.

Art. 50. — A l'expiration de la Société, ou, en cas de dissolution anticipée, l'assemblée générale règle le mode de liquidation et nomme un ou plusieurs liquidateurs amiables. Pendant la liquidation, les pouvoirs de l'assemblée se continuent comme par le passé. Toutes les valeurs de la Société sont réalisées par les liquidateurs, qui ont, à cet effet, les pouvoirs les plus étendus et le produit après le prélèvement des frais de liquidation en est réparti aux sociétaires. Les liquidateurs peuvent, avec l'autorisation de l'assemblée, faire le transfert à une autre Société ou à un particulier, de l'ensemble des biens, droits et obligations, tant actifs que passifs de la Société dissoute.

---

(1). Il serait plus logique de prélever sur les frais généraux ce que l'on doit affecter aux œuvres d'utilité sociale ; de cette façon, chacun participe dans la même mesure aux œuvres humanitaires sans lesquelles les sociétés coopératives n'ont pas raison d'être.

(2). Le fonds de réserve d'une société doit avoir atteint son maximum le plus rapidement possible, afin de parer aux éventualités qui pourraient se présenter.

TITRE XI

Contestations

Art. 51. — Toutes contestations entre actionnaires et la Société seront jugées par les tribunaux compétents de..........

En cas de contestations, tout actionnaire devra faire élection de domicile à.............., tous actes seront valablement signifiés au Parquet de M. le procureur de la République près le Tribunal de............

TITRE XII

Publication

Art. 52. — Pour faire partout où besoin sera les publications légales des présents statuts, tous pouvoirs sont donnés au porteur d'une expédition ou extrait des présentes.

Constitution

Art. 53. — La présente Société ne sera définitivement constituée qu'après que le capital social aura été entièrement souscrit et qu'une assemblée générale de tous les souscripteurs qui pourra être convoquée à un jour d'intervalle aura reconnu la sincérité de la souscription et de versement, nommé les premiers administrateurs, les commissaires, approuvé les statuts et déclaré la Société définitivement constituée.

Fait à..................en quadruple original, le..............19

Le Bureau de l'Assemblée générale.

Le citoyen Bouveri donne lecture de la correspondance.

A propos d'une lettre de la Cordonnerie ouvrière, le citoyen Guillemin demande la parole.

La Cordonnerie Ouvrière, dit-il, s'est constituée il y a quelques années dans le même genre que la Verrerie en essayant de se monter par actions souscrites par des sociétés coopératives. A Paris, quelques sociétés, y ont adhéré.

Cette Cordonnerie Ouvrière a pour but de fabriquer des chaussures pour les vendre aux sociétés coopératives de consommation qui sont à la tête de cette œuvre très intéressante ainsi que le Syndicat de la Fédération des cuirs et peaux. Pour ma part, je ne puis mieux faire que de recommander cette œuvre d'une façon très chaleureuse.

Citoyen Delory. — La chaussure est une des branches la plus susceptible d'être abordée, à la condition que l'on fasse de la chaussure de premier choix. Si l'on voulait fabriquer de la chaussure de confection, on ne pourrait pas lutter avec les grandes maisons. Au contraire, si l'on fabriquait de la chaussure premier choix, les sociétés coopératives pourraient monter un rayon, puisque la chaussure pourrait être vendue à un prix assez cher pour donner à ceux qui la fabriqueraient un salaire suffisant. En effet, il ne faut pas oublier cette question, car un salaire dérisoire n'irait qu'à l'encontre du but que nous poursuivons.

Dans la confection on arrive à faire une paire de chaussures pour femme à 3 ou 4 francs ; il est certain que, dans ces conditions, le prix de main d'œuvre n'est pas suffisant pour les coopérateurs.

Par conséquent, je crois que le seul moyen pour la cordonnerie d'arriver à se monter est de ne pas essayer de lutter contre les maisons de confection à bon marché, mais plutôt de traiter avec les grandes maisons pour la chaussure ordinaire et avec les Coopératives pour la chaussure de premier choix.

Le citoyen **Guillemin.** — Lorsque la Cordonnerie Ouvrière s'est montée, elle n'existait qu'à l'état de Comité d'initiative. On avait, par un questionnaire envoyé aux sociétés, examiné quelle était la vente de chaussures dans les coopératives parisiennes et d'après les réponses. nous avions considéré que les coopératives parisiennes utiliseraient 400.000 paires de chaussures par an, Paris et banlieue. Il faudrait 200.000 francs de capital pour arriver à avoir tout le matériel complet pour faire le travail en grand et aussi pour obtenir le plus bas prix de revient. C'est pourquoi cette petite société n'ayant pas les capitaux nécessaires pour acheter les cuirs en grande quantité, elle est obligée de faire attendre les clients, mais les coopératives prennent ce qu'il faut à Blois et à Sens où il existe, dans cette dernière ville, une fabrique réputée pour fournir des chaussures excellentes, en attendant que la coopérative soit montée modernement.

Citoyen Delory. — Si l'on veut faire la chaussure à bon marché, on ne pourra pas arriver. En outre, il serait utile de ne pas laisser croire au prolétariat qu'il pourra s'émanciper par la coopérative de production.

Citoyen Guillemin. — Le meilleur marché est 10 ou 11 francs.

Citoyen Delory. — Ici à Lille. l'administration municipale, même dans les maisons importantes, comme chez Boutry, nous payons les chaussures près de 13 francs ; à ces conditions une Coopérative de production pourrait les fournir alors qu'il lui serait impossible de fournir les chaussures à 40 ou 45 sous.

Après lecture de la correspondance, on passe à l'ordre du jour.

Création de Pharmacies Coopératives

Le citoyen Landrieux donne lecture du rapport suivant sur cette question :

RAPPORT SUR LA PHARMACIE COOPÉRATIVE

Commission Carillon de " La Moissonneuse "
Ph. Landrieux " Revendication de Puteaux "
Ph. Landrieux, rapporteur

L'exercice de la pharmacie en France est encore soumis aux ordonnances royales du 25 Avril 1777 et aux lois de germinal an II et de germinal an XI.

En principe, nul ne peut vendre de mé licaments 1° s'il n'est diplômé; 2° s'il n'est propriétaire de son officine.

Les pharmaciens gérants ne sont tolérés que pour les hôpitaux, bureaux d'assistance, communautés et sociétés de secours mutuels.

Les sociétés coopératives telles qu'elles sont constituées aujourd'hui ne peuvent donc, au terme de la loi, ouvrir purement et simplement une pharmacie pour la vente des médicaments, même à leurs membres exclusivement.

Le 10 Mai 1880, un arrêt du Tribunal Civil de la Seine dans l'affaire de la société de prévoyance des pharmaciens contre l'*Egalitaire*, décide :

« Qu'il y a exercice illégal de la pharmacie dans le fait, par une Société Coopérative de détenir des produits pharmaceutiques destinés à la vente, même lorsque l'officine est tenue par un diplômé, alors que cette société ne se contente pas de répartir les produits entre les associés, mais les leur vend en prélevant sur le prix de revient une majoration destinée à couvrir les frais généraux et les risques de détérioration (1) »

Non seulement l'ouverture d'une pharmacie est impossible aux sociétés coopératives dans l'état actuel, mais encore toute société en commandite (ouverte ou déguisée) formée entre une société coopérative et un pharmacien diplômé pour la vente des médicaments, serait entachée de nullité et pourrait être attaquée par les intéressés (Syndicats de pharmaciens) Arrêt du tribunal de Commerce du 3 Février 1882. Voir la consultation juridique de la Commission de la pharmacie de l'*Avenir de Plaisance*, nommée en 1898, auprès de MM. Richard et Bonnard.

Néanmoins, les avantages que les Coopératives peuvent retirer de l'ouverture d'une pharmacie sont tels qu'il était du devoir du dernier Congrès de nommer une commission d'études pour rechercher s'il n'y avait pas dans l'ensemble des lois qui protègent si jalousement les intérêts de la pharmacie commerciale, une fissure par où put passer la pharmacie coopérative.

Disons en commençant que nous pensons qu'une société coopérative régulièrement constituée qui ouvrirait une pharmacie coopérative pour

_____

(1) Dans l'espèce cette majoration était de 10 0/0.

ses seuls sociétaires et qui la ferait gérer par un diplômé aurait très probablement gain de cause, si un syndicat de pharmaciens la poursuivait pour exercice illégale de la médecine. Les tribunaux semblent en ce moment disposés a interpréter d'une façon très large les lois sur l'exercice de la pharmacie. C'est une expérience à tenter, mais la Commission nommée par le dernier Congrès n'a pas voulu prendre la responsabilité d'engager les sociétés dans une voie qui peut paraître la plus simple et meilleure, mais où l'on trouverait peut être aussi bien des difficultés et bien des désillusions.

C'est donc en respectant la législation et la jurisprudence actuelle que nous avons cherché à résoudre la question.

Des indications nous étaient déjà fournies par de nombreux rapports lus et votés en assemblées générales tant à Paris qu'en province et par les documents publiés par notre camarade A. Bancel, dont la compétence est indiscutée en cette matière.

La plupart des auteurs s'appuyant sur un arrêt du 17 juin 1880 « Cour de Cassation, Chambre Criminelle » et sur la loi de 98 sur les sociétés de secours mutuels concluait à la possibilité pour une société d'ouvrir une pharmacie coopérative en formant entre ses membres une société de secours mutuels.

Il était admis jusqu'ici que de telles pharmacies ne pouvaient se livrer à la vente, elles devaient se contenter de répartir gratuitement les médicaments aux sociétaires, les dépenses étant couvertes par leurs cotisations. Et cette solution partielle de la question aurait pu depuis longtemps être adoptée par les Coopératives qui donnent gratuitement à leurs membres les soins médicaux et pharmaceutique (1). Ces sociétés pouvaient ouvrir une pharmacie en formant entre leurs membres une société de secours mutuels; la cotisation des sociétaires étant retenue chaque année sur ses bénéfices. Mais pour la plupart des sociétés, la création et la vie d'une pharmacie coopérative n'était possible que si le fonctionnement de celle-ci se rapprochait du fonctionnement des autres services, c'est-à-dire si le coopérateur pouvait acheter contre argent comptant des médicaments de quelque nature et en quelque proportion que ce soit, ayant comme premier avantage de les payer moins cher qu'ailleurs.

L'esprit du coopérateur n'est pas celui du mutualiste. Nous nous permettons de faire remarquer en passant qu'il y aurait sans doute avantage à ce que ces deux esprits se confondissent un jour, qu'il serait à désirer que tous ceux qui adhèrent à une société coopérative fussent assurés de recevoir gratuitement et les soins du médecin et les médicaments et même qu'une retraite leur fut réservée, pour leurs vieux jours.

L'exemple du succès de la mutualité alliée à la coopération en Belgique et particulièrement au *Vooruit* doit attirer l'attention de tous les militants de la coopération ouvrière.

Mais dans l'état actuel du mouvement coopératif, de la région pari-

---

(1) La plupart des coopérateurs du Nord sont dans ce cas

sienne du moins, nous répétons que seule peut réussir la pharmacie coopérative qui fait la vente des médicaments aux coopérateurs.

C'est donc vers la réalisation de ce type que nous avons dirigé nos études, et notre tâche a été facilitée par un changement intervenu récemment dans la jurisprudence qui règle l'exercice de la pharmacie en France.

Voici dans quelles circonstances fut rendu l'arrêt qui nous occupe :

Une société de secours mutuels de Marseille, la société philanthropique des commis et employés de la ville de Marseille, avait ouvert le premier janvier 1897 une pharmacie à l'usage exclusif de ses sociétaires et de leurs familles. Une partie des médicaments délivrés par cette officine était remise gratuitement sur ordonnance du médecin, une autre (les spécialités et les médicaments de luxe) vendue avec un léger bénéfice.

Le syndicat des pharmaciens de Marseille, croyant que cette vente de médicaments mettait la société en contravention avec la loi de 1898 et la jurisprudence en la matière, la poursuivit en police correctionnelle pour exercice illégal de la pharmacie. Il perdit en instance, il perdit en appel à Aix, il perdit enfin en Cassation, et sur les conclusions de M° Accarias, la Chambre criminelle rendit le 22 Décembre dernier, un arrêt dont nous extrayons ce passage :

Rien dans la loi 1898 ne fait aux sociétés de secours mutuels aucune obligation de délivrer à leurs membres gratuitement les médicaments sortis des pharmacies installées par elles, et en outre aucune disposition de la loi n'a exclu du bénéfice des livraisons faites les membres des familles des adhérents, l'article premier de la loi prévoyant au contraire la participation de ces derniers aux avantages assurés par les sociétés de secours mutuels.»

Cet arrêt fixe la jurisprudence sur deux points importants :

1° Une société de secours mutuels peut ouvrir une pharmacie qui *Vend* ses produits avec bénéfice ; 2° La famille du sociétaire peut acheter à cette pharmacie, et par famille du sociétaire on doit entendre les membres de la famille habitant sous le même toit que lui.

Il ressort de là que les membres d'une société coopérative qui, par un vote en assemblée générale, auront décidé de former une société de secours mutuels et qui auront fait accepter les statuts de cette société, pourront ouvrir une pharmacie dont ils seront co-propriétaires et où ils pourront acheter eux et leurs familles les médicaments et produits pharmaceutiques.

C'est cette solution de la question des pharmacies coopératives qu'après consultation auprès de M° Richard, avocat conseil de la Bourse, nous venons proposer au Congrès.

Nous devons maintenant faire connaître quels changements seraient en fait apportés dans la vie de la société coopérative qui ferait entre ses membres une société de secours mutuels dans le but d'ouvrir une pharmacie.

A vrai dire ces changements ne seraient pas très considérables.

Une assemblée générale des sociétaires est convoquée, c'est l'assemblée de fondation qui vote les statuts de la société.

Un conseil d'administration spécial est nommé.

Les sociétaires seront inscrits d'office sur les registres de la nouvelle société ; il est bien entendu que l'adhésion à la société de secours mutuels ne peut être obligatoire mais les charges étant très faibles et les avantages très grands, il est probable qu'aucun membre de la société coopérative ne viendra protester contre cette inscription.

Une cotisation doit être versée chaque année par les membres de la société de secours mutuels. Cette cotisation est toute de principe mais elle doit être prévue ; nous ne pensons pas qu'il soit possible de former une société de secours mutuels sans prévoir de cotisations. Et cependant cette cotisation est inutile puisque la pharmacie doit non seulement vivre par elle même, mais encore donner des bénéfices.

Pour plus de facilité, la cotisation peut être retenue (dans les premiers temps et si la Pharmacie ne donne pas de bénéfices) par la Coopérative sur les trop perçus du sociétaire et versée par elle à la société de secours mutuels.

Une fois la société de secours mutuels formée, la société coopérative lui avance les fonds nécessaires pour l'achat des produits pharmaceutiques, les frais d'établissement, le fonds de roulement. La société coopérative doit faire ce prêt à très long terme ou même s'engager à ne pas demander le remboursement à la société de secours mutuels qui est *propriétaire du fonds*.

Des assemblées générales spéciales auront lieu pour la société de secours mutuels, elles nommeront et renouvelleront le Conseil d'Administration. Elles peuvent avoir lieu le même jour et dans le même local que les assemblées générales de la société coopérative, mais avec convocation spéciale.

Comme il existe dans la plupart des sociétés une commission dite de solidarité, il serait bon de remplacer cette commission par le Conseil d'Administration de la société de secours mutuels. La seule modification qu'elle subirait ainsi serait qu'au lieu d'être nommée en assemblée générale de la société coopérative, elle serait par le même public nommée en assemblée générale de la société de secours mutuels.

Ce conseil aurait alors dans son ressort toutes les œuvres de solidarité qui doivent se grouper autour de la société coopérative : secours aux malades, aux veuves, secours médical au siège ou à domicile, secours pharmaceutique. En ce cas, la société de secours mutuels aurait un fonctionnement à peu près semblable à celui des autres sociétés du même genre. Les cotisations ne seraient plus de simples cotisations de principes mais elles pourraient être notablement diminuées par les bénéfices réalisés par la pharmacie.

A la fin de chaque année, les bénéfices sur les affaires de la pharmacie ou bien sont répartis aux sociétaires au prorata de leurs achats si la société de secours mutuels s'en tient au seul service pharmaceutique ou bien viennent diminuer la cotisation si d'autres services lui sont annexés : secours de maladie, secours médical, etc.

S'il est fait répartition de bénéfices, cette répartition sera faite par l'intermédiaire de la société coopérative.

Dans le cas où une société ne serait pas assez forte pour faire vivre à elle seule une pharmacie coopérative, plusieurs sociétés peuvent se réunir pour former la société de secours mutuels dont nous avons parlé ci-dessus.

Nous faisons remarquer que cette solution n'est pratique qu'autant que les différentes sociétés sont animées du même esprit et réparties dans un périmètre restreint comme cela se voit dans plusieurs arrondissements de Paris ou de la banlieue. — XIIIᵉ arrondissement, XVᵉ arrondissement, Saint-Denis, etc.

Citoyen Wellhoff. — Comme l'a dit notre camarade Landrieux, les dispositions combinées de la déclaration du roi du 25 avril 1777 et de la loi du 21 germinal an 11, subordonnant la régularité de l'exploitation d'une pharmacie à la réunion sur la tête d'une même personne de la propriété de la pharmacie et du diplôme de pharmacien. La cour de cassation a décidé dans de nombreux arrêts qu'un particulier non muni de diplôme, une société en commandite ou anonyme ne pouvaient être régulièrement propriétaires d'une pharmacie, alors même que cette pharmacie serait gérée par un individu remplissant les conditions légales. Il y a là matières à poursuites correctionnelles pour exercice illégal de la pharmacie.

Mais cette jurisprudence ne s'applique qu'aux officines ouvertes, c'est-à-dire à celles où le public a libre accès et dans lesquelles on vend des remèdes à tout venant.

Le but de la loi en exigeant que le diplômé soit propriétaire du fonds, a été d'assurer de sérieuses garanties à la santé publique, entre l'intérêt du vendeur de remèdes et celui de l'acheteur. (Cassation, chambre criminelle, 17 juin 1880.)

Cet arrêt décide qu'on ne doit pas considérer comme officine ouverte une pharmacie achetée par une société de secours mutuels pour son usage exclusif, où il est constant, en fait, que le public étranger à cette société n'est pas admis et où les médicaments ne sont livrés qu'aux membres de l'association, lesquels sont, en même temps, les co-propriétaires de la pharmacie ; en conséquence le président de la société à laquelle appartient l'officine et le pharmacien diplômé qui gère celle-ci ne commettent aucune contravention aux dispositions des lois précitées.

Cette importante solution a été adoptée après une discussion approfondie à l'audience et un délibéré en chambre du Conseil.

Cette jurisprudence permet donc d'affirmer qu'une socié'
coopérative peut être propriétaire d'une officine pharmaceutique
à la double condition :

1° De la faire gérer par un pharmacien muni de diplômes
réguliers ;

2° De ne vendre des médicaments qu'à ses sociétaires ;

Si je vous ai fait cette déclaration qui semble être un double
emploi du rapport du camarade Landrieux, c'était pour marquer
la différence essentielle entre mes vues et les siennes.

Il y a dans la proposition de Landrieux deux parties : la
partie théorique et la partie pratique. Dans la partie théorique,
c'est-à-dire le droit pour une coopérative d'ouvrir une pharmacie,
le camarade Landrieux nous propose, pour que les coopératives
puissent ouvrir une pharmacie, de les inciter à se former en
sociétés de secours mutuels, en se basant sur l'arrêt résultant du
procès fait à la Société de secours mutuels à Marseille qui avait
été attaquée en l'espèce. Je demanderai au Congrès de ne pas
adopter cette manière de voir, parce que ce serait reconnaître la
jurisprudence qui a existé pendant un certain temps qui
interdisait aux sociétés coopératives d'ouvrir une pharmacie ; si
nous incitons les Coopératives à se constituer en sociétés de
secours mutuels, c'est dire que nous reconnaissons cette manière
de voir et que nous n'admettons pas nous-mêmes qu'une coopérative puisse ouvrir une pharmacie. Pour ma part, j'estime au
contraire qu'elle a ce droit et qu'il est inutile de se transformer
en société de secours mutuels.

Je vois dans une société de secours mutuels une difficulté.
Vous connaissez — ou pas — la loi de 1898 qui les règle et qui
leur a accordé de nombreux avantages tout en permettant l'ingé-
rence de contrôleurs ou inspecteurs ; précisément ici, nous
fuyons comme la peste tous les fonctionnaires qui peuvent venir
mettre un nez, si petit soit-il, dans nos affaires.

Je demande donc au Congrès de ne pas accepter cette façon
de voir et à décider qu'il estime qu'étant données la loi et la
jurisprudence, les sociétés Coopératives actuelles peuvent ouvrir
une pharmacie. Je ne veux pas insister plus longuement et je
passe au côté pratique.

Notre camarade Landrieux nous disait ceci : C'est surtout
pour Paris que j'ai examiné la question et il l'a bien fait au
point de vue pratique. La pharmacie dans nos pays et presque
partout en province, ne pourrait pas exister dans les conditions
indiquées parce que je suppose qu'à Roubaix, à *La Paix*, ou à
Lille, à l'*Union*, où il y a 5.000 coopérateurs — à priori s'ils se

fournissaient à la pharmacie, elle pourrait faire ses affaires, ce n'est pas le cas — parce que ces coopérateurs sont répandus sur une surface trop grande. Il n'y aurait qu'un siège social qui ne serait pas à leur portée pour venir chercher les médicaments à la pharmacie ; il n'y a que ceux qui habiteraient les environs du local qui s'y fourniraient Au point de vue pratique en province, je crois que cela laisserait à désirer. A Paris, je le comprends encore, parce que les coopératives ne rayonnent que dans un arrondissement contigu.

J'insiste sur ce point, parce qu'adopter le rapport tel qu'il est — bien documenté, je le reconnais, — mais qui a ce défaut fondamental d'inciter les coopératives à former des sociétés de secours mutuels pour la formation d'une pharmacie, ce serait reconnaître le droit pour les tribunaux qu'elles ne peuvent ouvrir une pharmacie. Je préférerais que nous adoptions une décision dans laquelle nous considérerions que les coopératives ont le droit d'ouvrir une pharmacie : Au besoin, on pourrait s'entendre même à Paris, en allant trouver le Procureur de la République et lui dire : Nous allons ouvrir une pharmacie ; allez-vous nous poursuivre ? Dites-nous le. Nous ferons un semblant d'ouverture de pharmacie et ferons établir la jurisprudence. Je demanderais même qu'une société se dévoue et que toutes les sociétés coopératives socialistes participent aux frais du procès, lesquels ne seraient pas élevés. C'est un exemple à faire pour que la jurisprudence soit bien établie.

Citoyen Landrieux. — Je n'incite pas les coopératives à se transformer en sociétés de secours mutuels ; c'est pour nous un pis aller. Actuellement, il y a sur la matière, non pas un arrêt de la Cour de cassation, mais un arrêt du Tribunal civil de la Seine dans l'affaire de l'*Egalitaire*, qui avait ouvert une pharmacie pour ses membres seulement. Dans l'affaire, jugée et plaidée, il a bien été établi que la Société l'*Egalitaire* ne vendait pas à d'autres. En effet, l'arrêt du tribunal civil de la Seine stipule que ce qui a mis cette Société en contravention avec la loi sur la pharmacie, c'est qu'elle ne répartissait pas simplement les médicaments sur ordonnance, mais qu'elle faisait des bénéfices sur la pharmacie et ce que nous demandons à Paris, c'est l'établissement de pharmacies, fonctionnant avec leurs propres bénéfices. C'est pourquoi, dans le rapport, nous avons cru nécessaire, sans fixer la jurisprudence sur ce terrain, de passer par une Société de Secours Mutuels jusqu'au jour où la loi sur la pharmacie — ce qui doit arriver bientôt à la Chambre — autorise les coopératives d'exercer la pharmacie.

Quant aux poursuites à intenter, si on adopte le système du camarade Wellhoff qui est d'ouvrir, purement et simplement, une pharmacie, il ne faut pas se le dissimuler, nous serons poursuivis, non pas par le procureur de la République, mais par le Syndicat des Pharmaciens et il est très possible que nous soyons condamnés. Si les Sociétés coopératives s'entendent entre elles pour supporter les frais ; c'est une très bonne chose, car nous saurons au moins à quoi nous en tenir. Dans un rapport, il était difficile d'indiquer ce moyen et ce ne peut être qu'une résolution du Congrès.

Citoyen Marie. — Je suis adversaire des sociétés de Secours Mutuels tout en étant l'administrateur de l'une d'elles afin de contribuer à démolir l'idée égoïste qui prédomine trop dans ces sociétés.

Si le Congrès décide qu'un semblant d'ouverture de pharmacie sera fait, je prends l'engagement et crois pouvoir affirmer que mes camarades de l'*Economie Parisienne* soutiendront la question à ce point de vue, même pécuniairement. Je demande donc que l'on repousse le rapport du citoyen Landrieux, en ce qui concerne les Sociétés de Secours Mutuels, mais que la Fédération prenne l'engagement de demander à une Société assez grande pour faire la tentative, afin que cela ait plus de portée.

Citoyen Wellhoff. — J'ai dit que le cas de l'*Egalitaire* est très dangereux ; je regrette qu'on s'en soit arrêté à la première instance et qu'on ne soit pas allé en appel et en cassation. Dans le jugement rendu en première instance, on dit : La pharmacie fait des bénéfices et parce qu'elle fait des bénéfices, nous ne pouvons pas la laisser vivre. Peut-être, à l'examen des statuts, pourrais-je dire que cela a été bien jugé. Cependant, il ne faut pas laisser admettre par les Tribunaux que les Coopératives font des bénéfices ; les coopératives ne font pas de bénéfices. Les coopérateurs mettent de l'argent en commun et avec celui-ci achètent des marchandises, manutentionnent, fabriquent, etc., et ensuite, lorsqu'ils ont consommé ou produit, ils partagent entre eux l'argent qui reste en caisse. Une toute autre façon de laisser envisager la question, serait dangereuse pour toutes les coopératives.

Vous savez que nous sommes attaqués ; comme on ne fait presque rien contre les grands magasins que des lois sur les patentes qui sont très minimes et que ces magasins ce sont des capitalistes qui les possèdent, on a l'air à la Chambre de faire quelque chose et on ne fait rien. Ce sont les grands magasins qui tuent le petit commerce et on ne va pas essayer de sauver le petit commerce ; on va essayer de supprimer les coopératives au bénéfice des grands magasins. Je demande donc que toutes les Fédérations, à quelque point de la France que nous soyons, ne laissent pas établir une jurisprudence comme celle de l'*Egalitaire*, parce qu'après on se servira de ces jugements pour étrangler toutes les coopératives.

Citoyen Delory. — On pourrait mettre à la suite du rapport Landrieux une résolution du Congrès disant : « Qu'avant d'engager les coopératives à accepter cette formation de sociétés de secours mutuels, il est indispensable que l'on fasse une tentative d'ouverture de pharmacie. »

Citoyen Wellhoff. — Je demande qu'on insère le rapport du citoyen Landrieux parce qu'il est très documenté et utile pour tous, mais en ajoutant qu'il y a eût une discussion au Congrès et qu'à la suite de celle-ci il a été décidé qu'on n'inciterait pas pour le moment les Sociétés coopératives à former une Société de secours mutuels dans leur sein, car ce serait méconnaître ce que je considère être leur droit d'avoir directement une pharmacie à elles; qu'il serait bon qu'une pharmacie soit ouverte et attendre qu'elle ait été poursuivie pour établir la jurisprudence. Cela durerait un peu longtemps, mais au moins nous serions fixés.

Citoyen Landrieux. — Il y a actuellement une loi pendante sur la pharmacie, mais elle ne prévoit pas que les sociétés coopératives puissent ouvrir des pharmacies. Il y a même un contre-projet de pharmaciens qui est étudié par les pharmaciens de la Seine.

Je crois donc que nous pourrions émettre un vœu qui serait envoyé aux différents députés amis ou s'occupant de la question, demandant qu'il soit introduit dans cette loi une clause mentionnant que les coopératives peuvent ouvrir des pharmacies ; cette loi doit arriver dans le courant de l'année.

Citoyen Wellhoff. — Il serait difficile de donner satisfaction à cette proposition en ce sens; nous pourrions décider que le Conseil d'administration de la Bourse sera chargé de rédiger un ou deux articles qui réservent les droits des coopératives et demandera aux députés amis de déposer ces articles nouveaux sous forme d'amendement.

Citoyen Marie. — Et il est bien entendu que la Bourse Coopérative sera chargée de l'expédier aux députés amis qui voudront bien, le cas échéant, le soutenir à la Chambre.

Citoyen Guillemin. — Nous pourrions nous charger de cela à Paris. — Adopté.

5. — Création de Magasins de gros, sous la responsabilité morale et financière des fédérations et entente commerciale entre ces organisations pour l'approvisionnement desdits magasins.

Le citoyen Marie lit à ce sujet le rapport suivant :

RAPPORT DE LA COMMISSION D'ÉTUDES
d'Achats et de Propagande [1]

Camarades,

Après le Congrès national et international de juillet 1900, la commission permanente, nommée par le dit Congrès, à l'effet d'étudier toutes les questions soumises au Congrès et de les soumettre l'année suivante au Congrès de Lille, s'est réunie et divisée en sous-commissions.

A côté de ces sous-commissions, fonctionnèrent normalement le bureau de la Bourse nationale des Coopératives et une nouvelle commission dite : « d'Études d'achat et de Propagande ».

Le présent rapport a pour but d'entretenir le Congrès de Lille des études faites et de la propagande accomplie au cours de l'année coopérative 1900-1901.

ÉTUDES D'ACHATS

La raison d'être de la Bourse nationale des Coopératives de consommation de France est, en dehors du but moral qu'elle poursuit, de procurer aux sociétés une situation commerciale supérieure sur tous les marchés, en les mettant à même, par ses renseignements, de s'approvisionner sans intermédiaires et, au besoin, de se fournir elles-mêmes une partie de leurs articles et de leurs denrées au moyen de groupes professionnels.

Des essais d'achat en commun furent plusieurs fois tentés sans qu'ils aient donné des résultats appréciables.

---

(1) Cette commission est composée de neuf membres :
A. Marie, Économie Parisienne,
Delètre, Malakoff,
Dordu, Société Coopérative d'Anzin d'Outre (Meurthe-et-Moselle),
Seguin, Abeille de Passy,
Pierre André, La Ménagère,
Béguin, Palais du Travail,
Vignix, Amicale du XVe,
Henri Jullien, Maison du Peuple de Boulogne,
Jégou, Famille Rennaise.

Les efforts des fédérations locales ou régionales plus ou moins importantes furent vains

Mais si l'on considère que des tentatives semblables furent également vaines en Angleterre pendant plus de vingt-cinq ans, l'on ne doit pas être étonné qu'en France, où les 1.500 sociétés de consommation paraissent s'ignorer même régionalement, aucun succès ne soit venu couronner les efforts des précurseurs du « Magasin de gros français ».

Quoi qu'il en soit, notre conviction reste inébranlable.

En effet, un jour viendra où les sociétés à milliers d'adhérents devront, de leur propre mouvement, rechercher ce qu'elles évitent aujourd'hui : l'achat en commun.

Ce sera d'ailleurs une nécessité inéluctable pour le plus grand bien des consciences ouvrières chargées de l'administration de ces grandes sociétés où malheureusement la suspicion est élevée au rang d'une véritable institution.

D'autre part, d'anciens administrateurs, en rupture d'ateliers, devenus courtiers marrons ou représentants de commerce équivoque, se sont promis de mettre en coupe réglée toutes les sociétés coopératives de consommation.

Sous des titres dignes de la maison Tricoche, Cacolet et Cⁱᵉ, ils envoient aux sociétés débutantes et anciennes, qui devraient flairer les rapaces filous, des hommes de paille chargés de prospectus où, à côté de tous renseignements juridiques concernant les constitutions de sociétés, ils énumèrent leurs produits de bonne qualité (!) et de prix modérés !

Malheur à la société qui se laisse prendre dans les filets de cette bande noire !

Bientôt c'est la discorde au sein du conseil d'administration.

La calomnie et l'injure, armes empoisonnées de ces bandits, font de terribles ravages.

Peu leur importe, à ces audacieux coquins, de salir le nom des militants les plus respectables.

Leur but est l'accaparement de l'or jouisseur.

Au lieu de chasser ces forbans avec tous les égards dus aux plus cyniques étrangleurs de l'honnêteté ouvrière, beaucoup de coopératives s'abaissent à discuter avec eux et à les honorer de leur confiance.

C'est de trop ! notre rôle est de dénoncer d'aussi inconcevables faiblesses.

Laisserons-nous de pareils mœurs s'introduire dans la coopération ouvrière ?

Laisserons-nous plus longtemps les meilleurs d'entre nous être le jouet de ce banditisme éhonté, se gaussant de notre naïveté, creusant tous les jours plus profondes entre nous les divisions apparentes, pour assurer leur fortune rapide ?

« Il faut faire vite, disent-ils, car la conscience ouvrière a des » réveils brusques et terribles ! »

Non ! au nom de la moralité qui est le principe vital de nos coopératives, il faut enrayer de pareils agissements vis-à-vis d'administrateurs dont l'honnèteté est au-dessus de tout soupçon.

Pour ranimer les énergies quelque peu ébranlées, pour rassurer nos adhérents actuels, pour capter la confiance hésitante des futurs adhérents, il faut briser avec la méthode actuelle d'achat, qui fournit l'enjeu de nos divisions pour le plus grand profit des intermédiaires sans scrupules, et le plus grand bien du négoce spoliateur.

Pas plus que nous, nous arrêterons à la croyance erronée de certains administrateurs, qui pensent qu'une société est plus à même d'obtenir des prix modérés si elle est seule à faire des commandes.

Nous continuons à penser, au contraire, que la solution du problème moral et matériel de la coopération, et qui entraînera une extension insoupçonnée du coopératisme, réside dans la fé lération d'achat en commun, revêtant une personnalité civile, régie par un Conseil d'administration nommé par les sociétés adhérentes.

Cela est tellement vrai, qu'il nous soit permis d'affirmer ici que les simples renseignements donnés par le *Bulletin de la Bourse des Coopératives*, sur les prix des denrées, légumes secs, conserves, fromages, savons, huiles, cafés, pates alimentaires, vins, etc., etc., ont fait baisser considérablement le prix de ces denrées.

Que serait-ce si une administration méthodique, au nom des sociétés des différentes régions, pouvait passer marché ?

La Commission, dont les travaux s'arrêtent aujourd'hui, s'est plus spécialement occupée :

1° Des fromages du Jura ;
2° Des cafés ;
3° Des vins.

Fromages. — Le citoyen Duparchy, dans le Jura, sous les auspices de la *Fraternelle de Saint-Claude*, travaille à la constitution d'un fromager.

Cette société étudie également en ce moment un projet de concentration des fromages de la région. A cet effet, elle tente de grouper tout d'abord les coopératives de consommation du Jura, des Vosges, de la Haute-Saône et construira une vaste cave nécessaire à la conservation du produit. Ensuite, elle établira un projet d'écoulement du dit produit au profit des sociétés des régions de Paris, des Ardennes, du Nord, etc.

Brûlerie de café. — Depuis environ quatre ou cinq mois, nous avons étudié le projet d'une brûlerie de cafés.

Nous sommes heureux d'informer le Congrès que notre projet a conquis d'enthousiasme trente sociétés actuellement clientes.

Point n'est besoin de dire qu'avec les cafés les aléas industriels sont presque nuls.

Une délégation, composée des citoyens Leclerc, Landrieux et Pierre André, a visité les maisons de premier ordre du Hàvre, qui fournissent le marché de Paris.

Nul n'ignore que les maisons du Hàvre alimentent de grosses maisons de Paris qui, à leur tour, alimentent les maisons de deuxième et de troisième ordre de la capitale, et que les cafés passant ainsi de main en main et d'intermédiaire en intermédiaire, perdent considérablement de leurs prix d'origine.

La Commission, se conformant au désir mille fois répété par les coopérateurs, au scrupule élevé, de se passer d'intermédiaires et de correspondre directement avec les centres de provenances, a obtenu des prix tellement inférieurs à ceux faits actuellement aux sociétés de la région parisienne, qu'elle a immédiatement informé celles-ci qu'elle pouvait livrer franco à Paris et dans la banlieue :

Santos ordinaires,	le kilo.......fr.	3.20
— supérieurs	—	3.30
Malabar et Santos	—	3.60
Malabar, Santos, Moka	—	4 »
Malabar, Moka, Saint-Marc,	—	4.60

L'étude poussée jusqu'à la pratique, nous donne au 3 septembre dernier, pour 40 jours d'exploitation, les résultats suivants :

Sociétés clientes : 30.

Répartition hebdomadaire : 350 kilos.

BILAN DU 20 AOUT AU 3 SEPTEMBRE 1901

dressé par le citoyen Boutault, comptable

ACTIF

Espèces en caisse.................. fr.	1.488	80
Marchandises à l'inventaire.............	1.609	40
Matériel et outillage.....	160	70
Débiteurs divers......................	598	»
Total........	3.856	90

PASSIF

Prêt, bourse des coopératives..........	1.500	»
Créditeurs divers....................	2.105	45
Soit........	3.605	45
Bénéfices nets........	251	45
Total égal à l'actif........	3.856	90

RÉSULTATS GÉNÉRAUX

Ventes du 20 août au 3 septembre.......	3.782	50
Marchandises à l'inventaire.............	1.609	40
Total.........	5.391	90
Les achats ont été de......................	4.858	30
Bénéfices bruts..........	533	60

A déduire :

Main d'œuvre...............	183 »	}	282 15
Frais généraux......	99 15	}	
Reste bénéfices nets........			251 45

Nous remettons donc entre les mains du Congrès de Lille l'embryon d'une œuvre extrêmement intéressante et appelée à donner des résultats merveilleux.

La nouvelle organisation à personnalité civile qui doit sortir de vos débats donnera à cette œuvre naissante la forme définitive qu'elle réclame en laissant la plus grande part de gestion aux sociétés clientes et actionnaires.

Avant de terminer la question de la brûlerie de cafés, la commission remercie tout particulièrement le citoyen Leclerc de son dévouement et de son activité.

Leclercq, ne l'oublions pas, fut l'âme de la brûlerie et ce n'est qu'établie et fonctionnant qu'il nous pria, pour raison de santé, d'accepter sa démission.

Dans l'histoire de la brûlerie de cafés, le nom de Leclerc restera comme le symbole de l'intelligence, de la force et de l'énergie au service de la coopération.

Thés. — En ce qui concerne les thés, nous sommes également heureux d'informer le Congrès qu'une correspondance a été échangée avec le Wholesale de Manchester et de laquelle se dégage une cordialité remarquable.

Le jour n'est pas bien éloigné où, par le Wholesale anglais, les coopérateurs français seront à même de se répartir dans de bonnes conditions ce produit d'un prix très élevé à Paris.

Pommes de terre. — Nous avons également fait des démarches pressantes et répétées auprès des agriculteurs des environs de Paris à Arpajon, Champlan, Palaiseau, Lonjumeau, pour arriver à former une Fédération des petits propriétaires récoltants de cette banlieue de Paris à l'effet de concentrer au profit des Sociétés de la région parisienne les pommes de terre.

Une première réunion a été provoquée à Arpajon. Quelques agriculteurs ont répondu à notre appel.

L'œuvre ébauchée devra être continuée par notre future organisation.

Ce produit peut être livré au prix de gros en éliminant encore les maisons de Paris et leurs courtiers.

En résumé, le fromage du Jura est étudié et sera mis en exploitation par les soins de la *Fraternelle de Saint-Claude.*

L'étude de l'achat des pommes de terre aux agriculteurs de la région sud de la banlieue de Paris demande à être continuée, mais avec une mise de fonds d'environ *3.000 francs.*

La Brûlerie de Cafés se développe normalement et nous comptons que toutes les sociétés, devant le résultat que nous leur apportons, viendront faire boule de neige avec les énergiques sociétés fondatrices.

PROPAGANDE

En ce qui concerne la propagande en faveur de la coopération socialiste, les membres de la commission se sont rendus dans toutes les sociétés qui faisaient appel à son concours tant à Paris qu'en province.

Elle s'est attachée surtout à développer dans les milieux coopérateurs toute la haute moralité inhérente à la coopération et l'a présentée comme un des moyens d'émancipation de la classe ouvrière et productrice.

Paris, le 26 septembre 1901.

Les Rapporteurs :
LOUIS JÉGOU, HENRI JULIEN.

Citoyen Wellhoff. — Vous me permettrez de vous exprimer mon étonnement en entendant semblable rapport. J'en demande pardon au camarade Marie, mais....

Citoyen Marie. — Je n'en suis pas l'auteur et suis uniquement chargé d'en donner lecture.

Citoyen Wellhoff. — Il y a à l'ordre du jour : *Création de magasins de gros sous la responsabilité morale et financière des Fédérations et entente commerciale entre ces organisations pour l'approvisionnement des dits magasins*, et je croyais qu'on allait nous présenter un rapport dans lequel on montrerait l'intérêt qu'il y a d'avoir des magasins de gros et les moyens d'arriver à ce résultat, alors que le rapport est une réclame — consciente ou non, je n'en sais rien. je crois inconsciente — à l'égard d'un des plus plus odieux capitalistes que nous puissions connaître, M. X...

X.,. est un gros producteur et qui a tué les petits vignerons autour de lui. On vient nous proposer de nous approvisionner à lui, parceque, gros capitaliste, il peut faire aux coopératives des avantages que les malheureux petits vignerons ne peuvent pas faire. Je ne suppose pas qu'il y aura un seul délégué, ici présent, qui acceptera cette manière de voir.

Maintenant, je n'insiste pas plus longtemps ; ce que je demande d'une façon très nette, c'est que ce rapport ne figure pas dans notre résumé de la brochure qui paraîtra et dans laquelle nous ne devons pas faire de réclame en faveur d'un gros producteur au détriment des petits.

J'en arrive aux magasins de gros proprement dits, c'est-à-dire à la formation d'une société civile pour l'établissement de magasins de gros. Permettez-moi de vous dire que, légalement, vous ne pouvez pas faire cela. Notre camarade Samson nous dira tout à l'heure qu'elles ont été les nombreuses difficultés devant lesquelles nous nous sommes trouvés, lorsqu'il s'est agi de faire la Fédération des coopératives du Nord qui avait pour but d'acheter en commun si c'était possible. Légalement, ce n'est pas possible. Pourquoi ? Parce que dans la Société civile qu'on vous demande de former, ce serait les sociétés qui deviendraient propriétaires des actions émises, alors que la loi oblige les administrateurs d'une société à être propriétaires des actions On ne peut pas administrer par délégation et la loi oblige les administrateurs à être responsables, personnellement, des fautes qu'ils peuvent commettre, afin qu'ils ne viennent pas dire : Nous avons administré ès-qualité ; s'il y a eu des fautes commises, adressez-vous à la Société que nous représentons.

Rien jusqu'ici dans la jurisprudence et dans les examens que nous avons faits de la loi, rien ne nous permet de faire une chose pareille. Ici, à la Fédération du Nord, nous avons tourné la difficulté dans une certaine mesure en chargeant un membre de la Société d'être propriétaire des actions, mais cela offre un certain danger. Une Société qui marcherait très bien, à la mort de cet administrateur, s'exposerait à ce que la famille dise qu'elle est propriétaire des actions et cela créerait une difficulté au moment où l'administrateur décéderait. On fait dans la réalité ce qui se pratique si intelligemment dans les Ardennes depuis un certain nombre d'années, c'est-à-dire que les sociétés nomment des délégués qui se réunissent en un point commun et décident, après entente, la convocation des producteurs auxquels ils achètent en commun, mais pour chaque coopérative individuellement et ce sont celles-ci et non la Fédération qui est responsable de leurs achats.

Cette méthode de faire a ce grand avantage, c'est que si vous créez des magasins de gros, ce sera une Commission centrale qui fera les achats — évidemment, j'estime que cette Commission centrale est animée des sentiments propres à tous les coopérateurs, c'est-à-dire qu'elle achète au mieux des intérêts communs. Eh bien ! quel sera le résultat ?

Dès que nous allons avoir des magasins de gros, il y aura des maisons concurrentes qui iront dans telle ou telle coopérative dire : Votre magasin de gros vous livre à tel prix telle marchandise ; comment se fait-il qu'il vous la livre à tel prix, alors que je puis vous la vendre à tel autre ?

Le magasin de gros sera pratique le jour où, un sentiment de solidarité plus grand et une éducation plus développée des coopérateurs permettra, au lieu de voir tant de petites sociétés administrées par des conseils d'administration différents, que toutes ces sociétés se groupent avec un Conseil d'administration unique, et celui-ci achetant au mieux des intérêts de tous et n'ayant dans chaque commune que des délégués pour acheter en son nom.

Mais jusque-là, étant donné l'état social dans lequel nous vivons, le magasin de gros tel qu'on l'a exposé constituerait donc, à mon point de vue, un danger considérable. En effet, je ne serais pas éloigné de croire qu'avec la concurrence acharnée qui proviendrait des commerçants lésés, on ne cherche à détourner les coopératives du magasin de gros qui conserverait alors les marchandises en magasin, ce qui ne tarderait pas à le ruiner. Le mieux serait que l'on constituât, non des magasins de gros, mais des magasins de réserve. Les coopératives ayant acheté en commun des quantités plus grandes que celles qui leur sont journellement nécessaires, afin de bénéficier d'une réduction, entreraient dans ce magasin au nom de chacune des coopératives, les marchandises qui leur appartiendraient et qui seraient débitées alors au fur et à mesure des besoins.

Il serait utile évidemment que nous ayions un centre à Paris pour avoir les cours, les prix des différentes marchandises, etc. Ceci à titre de renseignements, mais j'insiste pour montrer qu'il faut inciter les sociétés coopératives à acheter en commun sous la responsabilité individuelle de celles-ci.

Citoyen Marie. — Comme je l'ai dit tout à l'heure, j'ai lu tout simplement un rapport de la Commission, aux travaux de laquelle je n'ai pas pris part, pour des raisons indépendantes de ma volonté, croyez-le bien.

J'ajouterai même que j'y aurais combattu l'envoi de délégués chez le seul M. X... J'ai lu le rapport, ici, pour la première fois; je ne le connaissais pas à Paris. Je demande donc que la question, en ce qui me concerne, soit écartée.

Citoyen Wellhoff et plusieurs membres du Congrès. — C'est entendu. Ce n'est pas à vous que s'adressent les critiques du citoyen Wellhoff.

Citoyen Marie. — Je ne suis pas de l'avis du camarade Wellhoff en ce qui concerne sa demande de ne pas insérer le rapport, car on pourrait enlever les passages concernant X.... ce rapport contenant des renseignements très intéressants.

En supprimant cette partie, il suffira de donner aux camarades, auteurs du rapport, les raisons qui nous ont fait agir ainsi, pour qu'ils soient les premiers à reconnaître qu'il contient des choses anormales qui leur ont échappé.

Je suis de l'avis du camarade Wellhoff pour l'achat en commun, mode qui éviterait l'exploitation honteuse des coopératives par le commerce de gros. J'en ai fait la remarque moi-même, grâce aux renseignements que j'ai obtenus de différentes coopératives :

elles paient 10, 15, et 20 °/. plus cher la même marchandise
suivant qu'elles s'adressent à tel ou tel fournisseur ou qu'elles
ont des administrateurs qui savent ou ne savent pas traiter. Cela
tient également à ce que parfois, les fournisseurs ont des craintes
sous le rapport de la situation financière de sociétés nouvelles.
en particulier, mais le jour où les coopératives seront groupées
pour les achats en commun, cet état de choses cessera.

Je partage aussi l'opinion du camarade Wellhoff pour la fondation d'une agence centrale de renseignements ; là il faudra une
véritable administration. fortement renseignée et documentée.
soit par les renseignements obtenus des producteurs ou du commerce, soit encore par les fédérations. ou puisés dans les journaux
etc., etc. L'agence pourra alors donner aux coopératives. aux
diverses Fédérations de la France entière, toutes les indications
nécessaires.

Vous ne l'ignorez pas. Paris est le centre où convergent tous
les renseignements ; il est hors de doute qu'une Coopérative du
Nord ne connait pas ce qui se passe dans le Midi et *vice versa*
et il est certain, également. qu'à qualité égale, il a 10. 15 et 20 °/.
de différence dans les prix de certains produits livrés actuellement
aux coopératives d'une même région.

L'office de renseignements devra fonctionner sous la direction
effective des sociétés coopératives et non pas grâce à quelques
individualités, sous le manteau de la cheminée. Il faut qu'il
existe un contrôle absolu et que le camarade·que l'on mettra à la
tète du bureau soit suffisamment instruit. intelligent, actif, orga-
nisateur, sérieux. en un mot présente toutes garanties pour qu'il
ne soit pas suspecté. comme cela existe malheureusement dans
les coopératives parisiennes.

Citoyen Guillemin. — Pour dissiper la mauvaise impression
provenant de la lecture de ce rapport, il ne faudrait pas non plus
que l'on puisse supposer que des camarades l'aient rédigé pour
pistonner telle ou telle maison. Les rapporteurs — et je m'en
porte garant — ont couché des idées sur le papier ; ils ont eu un
tort : c'est de citer un nom. Ils auraient dû dire : un propriétaire
du Midi nous a fait des offres. voici ce qu'il nous propose et nous
vous soumettons ses conditions. A vous Congrès, de voir ce qu'il
y a à faire.

Les rédacteurs n'ont pas supposé un seul instant qu'en
écrivant un nom, cela suffirait pour soulever une objection
capitale de leur travail et ils ont donné leurs renseignements
brutalement comme des honnêtes gens.

Le citoyen Wellhoff disait tout à l'heure qu'il était impossible de faire des magasins de gros, étant donnée la législation actuelle.

Prenons par exemple le vin à Paris : la grande difficulté que les coopératives éprouvent pour s'alimenter de vin chez les producteurs est l'impossibilité dans laquelle se trouvent ceux-ci de suffire à leurs besoins en temps utile. Evidemment, les petits vignerons sont plus intéressants que X... qui possède, je crois, 200 millions de fortune. C'est toute une histoire pour les petits vignerons qui se sont formés en syndicat, lorsqu'il s'agit d'envoyer leur vin à Paris. Il faut commander un certain nombre de jours d'avance et la consommation du vin à Paris est si grande qu'il faudrait répondre à sa consommation au fur et à mesure.

Il serait nécessaire que les petits vignerons qui sont syndiqués puissent avoir des caves à Bercy comme les négociants.

L'octroi a été également une des causes principales qui empêchait les petits vignerons d'envoyer leur vin à Paris, par suite de l'avance considérable de fonds qu'ils devaient faire à cette administration. Cette difficulté est levée, il est vrai, à l'heure actuelle, puisque l'octroi de Paris est supprimé.

A Menduel, il s'est constitué deux sociétés de vignerons dont Fournier est un des membres. On avait bien fait venir des vins de chez eux, mais lorsque ce vin naturel arrivait à Paris, il avait besoin d'être soutiré, en un mot subir un travail spécial. Les Coopératives qui recevaient ce vin dans leur cave sans lui faire subir cette préparation étaient étonnées qu'au bout d'un certain temps ce vin, qu'on croyait supérieur, ne plaisait plus du tout pour la raison qu'on ne lui avait pas donné les soins nécessaires.

Par conséquent, si la proposition du propriétaire en question a souri à la commission, c'est parce que celle-ci a compris que les gros propriétaires pouvaient, par leurs capitaux, se payer cette organisation spéciale qui manque aux petits vignerons.

Je suis partisan de s'adresser aux petits vignerons, mais à la condition de prendre par petites quantités. Il n'y a pas de semaine qui s'écoule que je reçoive de lettres disant : « Vous devriez faire écouler nos vins dans les Coopératives », mais je suis obligé de reconnaître que cela n'est possible que par petites quantités.

Pour les fromages de gruyère, l'année dernière au Congrès de la rue Wagram, un camarade du Jura m'avait demandé s'il n'y aurait pas moyen qu'il expédie du gruyère aux Coopératives. Il est évident que les sociétés qui commandent une seule meule de gruyère dans le département du Jura paieraient plus de transport que s'ils en commandaient dix ou vingt. Il y a même des petites sociétés qui ne peuvent prendre qu'une demi-meule. Il faudrait donc qu'il se constituât là-bas un syndicat; c'est ce qui est en train de se faire par l'organe de la *Fraternelle de Saint-Claude*, mais comme il ne pourra fonctionner avant deux ans, nous avons pensé qu'on pourrait s'entendre avec un ou plusieurs marchands de fromages de là-bas et faire venir à Paris un dépôt de gruyère en assez grande quantité. L'employé de la Bourse coopérative répartirait alors aux Sociétés coopératives la quantité qu'elles désireraient.

Il y a là encore une difficulté; si l'on ne peut pas créer des magasins de gros, il faudra s'entendre pour écouler les produits des producteurs directs, afin de constituer dans les centres paysans des essais de socialisme pratique. On irait chez ceux-ci en leur disant: « Voyez ce que nous faisons; maintenant au lieu de vendre votre fromage à un commissionnaire de 80 francs, par exemple, nous vous l'achetons au prix qu'il doit être payé; vous reconnaîtrez donc que les socialistes ne se bornent pas qu'à la théorie.

Je crois qu'il y aurait lieu de prendre la proposition du citoyen Wellhoff en considération pour constituer ce conseil d'administration, mais en évitant tout esprit de suspicion, parce que si l'on évoque déjà ce spectre auprès des camarades qui seraient à la tête de ce mouvement, on ne pourrait absolument rien faire. Personnellement, à Paris, j'ai été accusé des plus noirs forfaits.

Citoyen Wellhoff. — Le camarade Guillemin paraît laisser supposer dans le propos que j'ai tenu tout à l'heure, que j'ai pu laisser planer une certaine suspicion sur les auteurs de ce rapport. Qu'il me permette de lui dire que je sais trop combien ceux qui sont à la tête des Coopératives sont toujours suspectés, alors que leur honorabilité est presque toujours entière. Je ne me permettrais pas de jeter la suspicion sur des gens que je ne connais pas et qui, j'en suis persuadé, par le fait qu'ils appartiennent à la Bourse des Coopératives sont des personnes absolument honnètes.

Ce n'est pas le nom seul de X... qui me choque dans le rapport, car il suffirait tout simplement de demander qu'on mette: un producteur, mais pas du tout, c'est la théorie qu'on nous propose sur le nom de X... ou d'un producteur, qui me fait vous demander que nous ne l'acceptions pas. C'est la raison pour laquelle j'ai proposé que ce rapport ne soit pas inséré, car en mettant « des producteurs » au lieu du nom « X... », on demandera où l'on peut se procurer du vin dans les conditions du rapport.

Somme toute, la théorie qu'on nous a faite est l'achat aux gros producteurs ; eh bien, au contraire, nous voulons que les petits puissent vivre étant donné l'état social actuel. Les gros producteurs viendraient nous dire : « Nous avons tué les petits vignerons, c'est donc à nous que vous devez acheter ».

On ne peut pas, dans un rapport, inciter des coopératives à permettre que de pareilles iniquités se commettent.

Vous ne paraissez pas insister sur la création de la Société Civile, parce que, également, nous aurions trop de difficultés pour arriver à la faire. D'un autre côté, vous nous citez ce cas qui est très intéressant. Une petite coopérative n'a pas les moyens d'acheter une meule, mais la moitié seulement. Eh bien, je crois que les coopératives qui achètent en commun doivent avoir à elles un magasin de réserve pour l'achat en grandes quantités, mais non des magasins de gros. Ce que je demande, c'est que le congrès incite les Coopératives à s'unir pour acheter en commun de façon que les petites coopératives puissent bénéficier des remises faites pour des grosses quantités et je dépose la proposition suivante :

« Le Congrès invite toutes les coopératives d'une même région à se grouper pour acheter toutes leurs marchandises en commun, et, au besoin, de créer un magasin de réserve qui soit la propriété de ces coopératives et dans lequel chacune d'elles pourrait entreposer les marchandises en réserve qui lui appartiennent ».

Je crois que c'est à cela que doit se borner notre rôle aujourd'hui et si nous y réussissons, nous aurons fait œuvre utile.

Citoyen Marie. — Sans savoir ce qu'allait faire le camarade Wellhoff, j'avais également préparé quelque chose en ce sens :

« Le congrès engage vivement les Sociétés Coopératives de
» consommation à se fédérer par région pour effectuer tous leurs
» achats en commun, notamment afin d'éviter l'exploitation du
» commerce de gros ;

» Charge le bureau de la Bourse Coopérative d'établir des
» bases de l'office Central de renseignements commerciaux
» pour les coopératives devant fonctionner sous le contrôle
» *effectif* des Conseils d'administration des Sociétés adhérentes
» à la Fédération ;

» Et renvoie au Congrès de 1902 la réglementation dudit
» Bureau Central coopératif ».

.Citoyen **Verhaeghe**. — Je ne comprends pas pourquoi les
Coopératives se font les défenseurs de la petite production qui
est appelée fatalement à disparaître.

Citoyen Samson. — Il va sans dire que le Congrès va encore
une fois prendre une décision importante. C'est ainsi depuis trois
ans que la Fédération du Nord s'occupe de cette question ; les
camarades de Paris nous donneront peut-être quelques renseignements là-dessus. mais avant de voter cet ordre du jour, je
dois faire remarquer que c'est peut-être la vingtième fois qu'on
le vote. C'est très joli de voter des résolutions, mais il ne suffit
pas de les oublier le lendemain ainsi que les engagements pris
devant les camarades.

Si la Fédération du Nord, comme la bourse coopérative.
doit vivre avec les votes du congrès, il est évident que cela est
impossible. Il faut que demain on mette en pratique la résolution prise.

Je me souviens qu'il y a un an, nous avions commencé les
achats en commun et depuis cette époque-là, grâce à quelques
marchés contractés ainsi, nous avons pu vivre jusque maintenant
mais si toutes les coopératives qui avaient pris l'engagement
d'acheter en commun étaient venues, nous aurions fait des marchés plus avantageux et nous serions dans une situation plus
florissante.

Par conséquent, les coopératives qui vont voter la résolution
qu'on vient de lire devront, demain, la respecter, car autrement
on sera appelé fatalement à disparaître.

En règle générale, il faudrait absolument que les résolutions
prises dans un Congrès soient respectées, au moins par les
sociétés qui les ont votées.

Il ne suffit pas, pour faire comme les autres et se montrer
aussi solidaires, de donner son adhésion à une Fédération. Il y a
déjà plusieurs années que nous constatons cet état d'esprit ; à la
fin, les efforts s'épuisent, on sacrifie son temps, ses loisirs. Mais
le lendemain du Congrès, on est heureux de dire : Quelle bonne
besogne nous avons faite ; maintenant ça va marcher, puis 24
heures après il ne reste plus rien du tout des résolutions prises.

On a dû parfois rappeler aux camarades de la Fédération du
Nord les décisions prises ; je ne dis pas cela pour tous, mais
pour certaines coopératives représentées ici et qui ont failli aux
engagements pris.

J'espère donc que, cette fois-ci, si on prend en considération la proposition du citoyen Marie, elle sera suivie ; dans le cas contraire, ce n'est pas la peine de voter des résolutions qu'on sait d'avance ne pas vouloir respecter. Je répète ce que j'ai dit au Congrès de Roubaix : je souhaiterais que dès demain les camarades se mettent à l'œuvre, travaillent, et fassent en sorte que la Fédération existe d'une façon réelle et non sur le papier seulement, c'est-à-dire au point de vue pratique et non théorique.

Citoyen Marie. — Des critiques adressées aux camarades des sociétés coopératives du Nord, nous aussi, à Paris, nous en prenons notre part. Mais on sait que pour enfoncer un clou dans un morceau de bois, il faut frapper plusieurs fois. J'admets que si, dans les Congrès, on a parfois pris des décisions qui n'ont pas été appliquées, il faut dire aussi que quelquefois certaines sociétés en ont tenu compte, et c'est déjà un résultat d'acquis.

A Paris, le courant n'est peut-être pas celui du Nord mais, à de petites sociétés, nous avons rendu de grands services en leur indiquant les maisons à éviter. Il y a une liste noire que nous appelons le « tableau d'honneur » qui est dans l'esprit de tous les camarades de la Coopération ouvrière parisienne, et il leur dit : « N'allez pas là, vous serez trompés. » Je demande ceci : c'est que tous les camarades, ici présents, prennent l'engagement d'honneur de soutenir dans leur Conseil d'administration la théorie qui est soutenue ici, au Congrès, pour les achats en commun. Il y a des habitudes qu'il faut surmonter, mais, si on y arrive avec beaucoup de peine, le mérite sera d'autant plus grand. Il faut essayer peu et, petit à petit, on parvient à faire beaucoup, la persévérance et l'énergie aidant.

Je demanderai donc, à tous, que les Fédérations d'achats en commun n'existent pas seulement sur le papier, comme l'a réclamé notre camarade Samson ; il faut qu'elles fassent preuve de vitalité où nous continuerons à être exploités, cela est certain ; c'est d'ailleurs la thèse que j'ai maintes fois soutenue dans le *Bulletin de la Bourse coopérative*.

Citoyen Guillemin. — Pour mettre en application dès maintenant les achats en commun entre plusieurs fédérations, on pourrait appliquer le système que nous avons déjà commencé à Paris. Nous avons pensé que si l'on achetait toutes les marchandises qui se répartissent dans une société, nous arriverions certainement à avoir quelques produits sur lesquels on aurait des avantages. Etant donné que nous ne sommes pas encore bien organisés, nous avons procédé par ordre. Nous avons dit : on va commencer par un ou deux articles et nous en retirons la quintessence ; ensuite nous en prendrons un autre.

Je sais que la Fédération du Nord a, au point de vue du café, fait de gros achats. On pourrait donc essayer avec un article ou deux à faire une démonstration qui frapperait bien plus sûrement les Conseils d'Administration que toutes les phrases que nous pouvons dire. Je me rappelle qu'à Levallois-Perret la consommation de café est de 300 kilos par semaine, à Paris, les coopératives qui s'alimentent de café brûlé à la brûlerie de la Bourse coopérative est de 350 kilos par semaine. Ce chiffre est appelé à augmenter parce que beaucoup de sociétés coopératives de Seine-et-Oise finiront par venir à nous.

Par conséquent, si nous pouvions grouper les achats de cet article et un autre au besoin, nous arriverions petit à petit à créer le mouvement que le citoyen Samson voit venir avec tant de lenteur.

Citoyen Delory. — Il y aurait peut-être un moyen de pression morale pour amener les coopératives à ce système, puisque nous ne pouvons pas les obliger à respecter les décisions des Congrès : ce serait de donner lecture au prochain Congrès des différents marchés passés avec les noms des sociétés qui y ont pris part ; cette pression morale amènerait les autres à acheter en commun.

On publierait ensuite à quel prix chaque société participant au Congrès a acheté ses marchandises et, si les coopérateurs s'aperçoivent qu'ils ont payé plus cher qu'ailleurs, il est évident qu'ils récrimineront.

Citoyen Samson. — J'avais essayé de le faire dans le *Bulletin*, mais les coopérateurs ayant connaissance des prix d'achat ont attaqué nos administrations, en demandant une diminution sur le prix de vente des articles avantageusement achetés, car ils ne voyaient qu'une chose, c'est que la différence entre le prix d'achat et celui de la vente était tout le bénéfice ; ils ne tenaient aucun compte des frais généraux.

Citoyen Delory. — Ce que je proposais, ce n'est pas l'insertion dans le *Bulletin*, mais dans un rapport au Congrès.

Citoyen Wellhoff. — De moyen coercitif, il n'y en a pas ; ce que nous pouvons faire, c'est d'aller dans les coopératives et leur montrer l'intérêt qu'il y a d'acheter en commun. Le seul moyen, ce sera d'indiquer dans un rapport quels sont les noms des coopératives qui se sont fédérées avec les autres pour acheter en commun avec les prix en regard. De cette façon, les consommateurs d'une coopérative qui ont payé tel ou tel article plus cher que dans telle autre, parce que le Conseil d'administration ne veut pas opérer de cette façon, ferait pression sur celui-ci pour l'achat en commun.

Citoyen **Marie.** — Sous bénéfice des observations qui viennent d'être faites, j'estime qu'il n'y a plus d'objections maintenant, à l'adoption du vœu dont je vais vous donner lecture :

« Le Congrès engage vivement les sociétés coopératives de consommation à se fédérer par région pour effectuer tous leurs achats en commun et, afin d'éviter l'exploitation du commerce en gros, charge le Bureau de la Bourse coopérative d'établir les bases de l'Office central des renseignements commerciaux pour les coopératives devant fonctionner sous le contrôle effectif du Conseil d'administration des sociétés adhérentes à la Fédération et renvoie au Congrès de 1902 la réglementation du Bureau central coopératif. » — Adopté.

Citoyen **Wellhoff.** — J'insiste encore une fois d'une façon très vive sur le rapport qui incite les coopératives à favoriser l'achat chez des producteurs en gros ; j'estime que cela ne doit pas paraître. Ce rapport a été complètement manqué ; nos camarades se sont trompés et je demande qu'il ne figure pas.

Citoyen **Guillemin.** — Il est parlé dans ce rapport de cultivateurs de Seine-et-Oise, de producteurs du Jura, etc... Il faudrait laisser cette partie et supprimer ce qui a trait au nom du producteur, car il y a des parties du rapport qui sont très intéressantes ; il suffirait de supprimer tout ce qui a trait au nom.

Citoyen **Wellhoff.** — J'accepte en ce sens le rapport en supprimant tout ce qui a trait au vin.

La discussion sur la création de magasins de gros étant épuisée, on passe au n° 6 de l'ordre du jour :

Création de Meuneries Coopératives

Le Citoyen Sohier, rapporteur de cette question, a la parole pour la lecture de son rapport :

Rapport sur le projet de création d'une Meunerie Coopérative
présenté par le Citoyen SOHIER
AU CONGRÈS DE LA COOPÉRATION SOCIALISTE

Citoyens,

Avant d'examiner minutieusement, comme je me propose de le faire, le projet de création d'une Meunerie coopérative, je tiens à faire voir pourquoi cette idée a pu germer dans nos esprits. Ce projet est le résultat d'un nombre considérable de causes, parmi lesquelles j'en distingue deux pincipales : 1° L'existence néfaste des intermédiaires dans la vente actuelle des farines ; 2° La mauvaise qualité des produits.

La meunerie coopérative aurait, en effet, cet avantage de faire disparaître l'élément nuisible : les intermédiaires parasites, et cela, par le fait même qu'elle mettrait directement en présence, le producteur : la Meunerie, et les consommateurs : les coopératives. Il n'y aurait plus alors sur les farines, ces spéculations éhontées que l'on voit actuellement se produire, expressions même du régime capitaliste, et qui n'ont d'autre but que l'augmentation du prix du pain, au profit de quelques-uns et au détriment de la foule des consommateurs.

Un avantage plus précieux encore, consisterait dans la supériorité des farines qui seraient ainsi livrées à la consommation. Les boulangeries coopératives sont à la merci des meuniers bourgeois ; leur expérience en témoigne. Il arrive très souvent que la farine laisse à désirer au point de vue de la qualité. C'est que le vendeur une fois lié à l'acheteur par son marché n'a rien à craindre : il est sûr de savoir placer sa marchandise qu'elle soit bonne ou mauvaise. Eh bien, est-ce que pareille chose se ferait avec la meunerie coopérative ? Aucunement : il n'y aurait pas de marché à conclure, les boulangeries s'approvisionneraient selon leurs besoins et toujours à un prix fixe. La meunerie, dépendance des boulangeries se plierait à toutes leurs exigences et de leur côté, les coopératives, par un mélange approprié des différentes farines, pourraient satisfaire toujours au goût de leurs clients.

C'est donc, en quelque sorte, le mécontentement qui nous a portés à concevoir l'idée de créer une meunerie à nous. Est-il possible de réaliser notre idéal ? C'est ce que nous allons nous demander maintenant. La grosse question qui se présente tout d'abord est celle-ci : « Comment se procurer le capital nécessaire à l'installation de notre usine ? »

Eh bien, par un procédé bien simple. Les Boulangeries coopératives existent, c'est un fait établi, et cette existence leur est assurée directement par leurs adhérents. Ces coopératives en prospérité, peuvent à leur tour assurer facilement la création, et ensuite l'entretien d'un établissement commun, la meunerie, c'est-à-dire qu'en se cotisant, elles peuvent ramasser de quoi fonder cet établissement.

Pour cela, lorsque chaque coopérative aura envoyé les chiffres de sa propre consommation en farines, il faudra évaluer le capital nécessaire en se basant sur les meuneries existantes. Quand le chiffre du capital aura ainsi été établi, il s'agira de le diviser en actions de 100 francs, je suppose, actions que les coopératives adhérant à la Fédération se partageront au prorata du nombre de leurs adhérents.

Qu'on ne s'effraye pas d'ailleurs, des difficultés que présente cette élévation. La Commission fondatrice, une fois formée des délégués de toutes les coopératives fédérées n'aurait qu'à fixer la quantité de farine nécessaire à la consommation totale des coopératives. Supposons qu'elle arrive ainsi à établir un total de 3.000 sacs de farine par semaine. Eh bien, un homme compétent vous dira qu'un moulin pouvant fournir cette quantité de produits en travaillant 6 jours à 12 heures par jour — j'expliquerai plus tard, pourquoi ce nombre d'heures me parait préférable — il vous dira que pour le bourgeois cela coûterait — construction du bâtiment, achat et installation du matériel nécessaire de 3 à 400.000 fr. Mais en tenant compte que les employés obtiendront la journée de 8 heures et le minimum de salaire et qu'il ne faut pas se laisser prendre au dépourvu, évaluons, je suppose le prix total à 500.000 fr. Ce chiffre n'est qu'une hypothèse ; il pourra être modifié, et le sera sans doute si le projet est adopté, mais, je le répète, pour rester au-dessus de l'exacte vérité, pour prendre un maximum, évaluons le capital nécessaire à 500.000 francs, c'est-à-dire supposons la création de 5.000 actions de 100 francs.

Il ne faudrait pas reculer devant le grand nombre d'actions à émettre. Les maisons de construction font d'habitude les conditions de payement suivantes : Un tiers sera payé lors de la livraison des appareils ; un tiers, lors de la mise en route et un tiers trois mois après la mise en route.

Quatre parts d'actions pourraient donc être faites et ces quatre parts correspondraient aux quatre émissions dont chacune serait effectée :

La 1re à l'achat ou la construction du bâtiment destiné à l'usine ;

La 2e au paiement du premier tiers, lors de l'expédition des appareils ;

La 3e au paiement du deuxième tiers, à la mise en route,

La 4e au paiement du dernier tiers.

Mais je m'attends à une objection qui vous parait décisive : Voilà bien le moulin construit, mais comment ferons-nous pour acheter notre blé et pour nous débarrasser des issues, son et rebulet qui proviennent de la mouture en proportion de la farine produite. Il semble, en effet, qu'avec notre moulin, nous serons tout autant qu'aujourd'hui, en butte aux tracasseries des bourgeois qui détiennent le pouvoir et qui peuvent, à tout instant, arrêter notre mouvement. Nous y avons pensé, citoyens.

Pour l'achat des blés, la Commission administrative nommerait des délégués agricoles. Ces délégués se rendraient chez les cultivateurs avant les semailles et feraient avec eux le marché suivant : Vous allez semer tant d'hectares de blé. La Meunerie promet de vous acheter votre récolte à tel prix. De votre côté, vous prenez l'engagement de nous fournir votre récolte, à la condition que votre blé soit de bonne qualité. « Eh bien, je crois que les fermiers accepteraient un tel marché, eux qui, aujourd'hui, ne sont pas toujours sûrs d'être payés du travail de toute une année.

Cependant, comme de la part de nos adversaires, il faut s'attendre à tout, il pourrait se faire que la minoterie soit l'objet d'un boycottage sérieux. Les paysans du Nord ne sont, en effet, que trop disposés à écouter les sornettes de leurs pires ennemis. Eh bien, si, contrairement à nos prévisions, pareille chose se faisait, nous trouverions un recours dans les Syndicats agricoles. Ces syndicats se chargeraient aux lieu et place de nos délégués de faire le marché avec leurs membres adhérents.

Pour la vente des issues, une clause pourrait être introduite dans les marchés avec les fournisseurs en blé, exigeant de ceux-ci la reprise d'une partie des issues provenant de leurs marchandises, un dixième par exemple. (Le même fait se passe chez les distillateurs. Les fermiers qui portent leurs betteraves à la distillerie, sont forcés de reprendre la pulpe provenant de leurs marchandises. Or, à mon avis, le son est au même titre que la pulpe, utile aux fermiers qui élèvent des bestiaux). Le reste pourrait être porté sur le marché de Lille, comme le fontles meuniers de la région, ou bien expédié vers les pays d'élevage, comme la Thiérache, la Normandie, etc.

Maintenant qu'il est démontré la possibilité de créer et d'entretenir une meunerie coopérative, occupons-nous un peu des bénéfices que pourrait réaliser cette colossale entreprise.

Voici les résultats de quelques observations faites sur des blés provenant de la dernière récolte :

Les 100 kilogs de blé ont coûté 21 francs. Pour 1 sac de farine, il faut 133 kilogs de blé ou 27 fr. 93, et l'on obtient ainsi :

> 41 kilogs de gruau supérieur à 28 fr. 50. Soit 11 fr. 685
> 58 kilogs de farine supérieure à 27 fr. 50. Soit 15 fr. 95

On obtient en même temps :

> 25 kilogs de son ordinaire à 12 fr. Soit. . . . 3 fr.
> 6 kilogs de rebulet à 16 fr. Soit . . . . . 0 fr. 96

> Soit un prix de vente total de. . . 31 fr. 595

en chiffres ronds : 31 fr. 60.

Nous avons évalué provisoirement à 3.000 le nombre de sacs de farine nécessaires à la consommation hebdomadaire, c'est-à-dire à 156.000, le nombre de sacs pour une année. Nous pouvons donc établir approximativement nos comptes annuels.

La mouture donne par sac de farine, un prix de
revient de 31 fr. 60 ; pour 156.000 sacs.
156.000 × 31.60 = Fr. 4.929.600 »
Les achats de blé se montent à 156.000 × 27.93 = 4.357.080 »

D'où une différence de. . . . 572.520 »

De ce chiffre, il convient de défalquer :

1° Les frais généraux se montant au maximum à un franc par sac de farine. . . . . . . Fr. 156.000

1° Les intérêts à payer aux actionnaires, 500.000 francs à 5 % 25.000

3° Pour amortissement (remboursement d'actions) en dix annuités de 50.000 francs. 50.000

4° Pour propagande (1 °/₀ sur le chiffre
d'affaires. Moitié au P. O. F...   24.648
Moitié à la Fédér. des Coop. Soc.   24.648

Soit à déduire un total de   Fr. 280.296   280.296   »

Bénéfices à partager.   .   Fr. 202.224   »
Ces bénéfices pourraient se répartir comme suit :
1° 15 °/₀ au Capital-actions, à distribuer aux actionnaires selon leur nombre d'actions.   .   .   .   43.833 60
2° 10 °/₀ pour constitution d'un fonds de réserve.   .   20.222 40
3° 25 °/₀ pour des Œuvres Philanthropiques.   .   .   73.056   »
4° Partage. 50 °/₀ à partager aux actionnaires, au
prorata de leurs affaires avec la Meunerie.   .   .   146.112   »
    Fr. 202.224   »

Les actionnaires toucheraient donc :
1° D'abord, les 5 °/₀ délivrés à tout porteur d'action.
2° 15 °/° sur les bénéfices nets (Capital-actions).
Enfin 50 °/₀ sur les bénéfices (Partage).

D'où il s'ensuit que la meunerie pourrait pour la vente de la farine,
conserver le prix du commerce local. Aussi bien, la différence entre le
prix de revient et le prix de vente est partagée aux acheteurs dans la
proportion de 65 °/₀.

Comme on l'a vu, on pourrait réserver 25 % pour la création
d'Œuvres de bienfaisance. J'appelle Œuvres philanthropiques, la
création de réjouissances mises gratuitement à la portée des coopérateurs : telles que Bals, Concerts, Spectacles. On pourrait aussi
construire un sanatorium pour les familles des coopérateurs. A
l'occasion, cette même caisse pourrait venir en aide aux ouvriers sans
travail, pendant les chômages forcés et surtout soutenir la cause des
grévistes pendant leurs insurrections, dans leurs luttes contre l'avidité
patronale. La Coopérative ainsi comprise serait une sorte de Société
nouvelle, implantée au milieu de la vieille, vivant de son existence
propre, détachée du reste du monde, et à laquelle peu à peu tous
les hommes viendraient se rallier.

Car il ne faut pas en douter, l'immense bien que ferait aux
Coopératives, l'existence de la Meunerie augmenterait le nombre de
leurs adhérents et c'est pour cela même que je conseillais tout à l'heure
le chiffre de 12 heures de travail journalier. De cette manière, en
augmentant les heures de travail, on pourrait parer à tous les événements et fournir aux Coopératives la farine nécessaire à mesure que
grandiront leurs besoins.

La Meunerie Coopérative consacrerait ainsi définitivement l'expropriation des bourgeois dans la fabrication du pain. Cette branche du
commerce est la plus considérable, car c'est de pain surtout que se
nourrit le prolétaire. Le premier pas sera donc fait vers la conquête
du monde, — et ce sera un pas de géant. Par ce moyen, la grande

majorité des travailleurs qui s'imaginent encore qu'on les trompe en parlant de socialisme verront les avantages de la vie en collectivité et viendront en masse au collectivisme pour former l'armée immense de l'avenir.

Mais pour cela, il faut que notre région commence, parce que c'est sur elle que la France ouvrière a les yeux fixés, parce que les autres marcheront, dès que nous ferons les premiers pas ; il faut que le Nord donne l'exemple au prolétariat mondial, debout pour la conquête de ses droits, en marche vers son Emancipation intégrale...

Le délégué de la Coopérative
« *l'Union d'Houplines* »
Emile SOHIER,
Membre de la Commission de la Fédération
du Nord.

Citoyen Delory. — Ce rapport est purement théorique ; je crois qu'au point de vue pratique la question ne se dégage pas aussi nettement.

Citoyen Welloff. — Le premier point du rapport dont nous venons d'entendre lecture dit qu'on établirait d'abord une société qui serait formée des délégués des différentes sociétés qui adhèreraient à la Meunerie Coopérative.

Nous avons indiqué tout à l'heure qu'au point de vue légal, lorsqu'il s'agissait de magasins de gros, la chose n'était pas possible ; il faudrait trouver un autre moyen de formation de société.

D'un autre côté, le rapport dit que lorsque nous avons fait un marché, le vendeur est certain de livrer sa marchandise, de sorte que si le fournisseur livrait une mauvaise qualité, nous serions pris. Je ne crois pas que le camarade Sohier, lorsqu'il achète des farines de première qualité, se laisserait faire si on lui en fournissait de seconde qualité, ce qui revient à dire que l'on peut rendre au vendeur une marchandise de mauvaise qualité.

En ce qui regarde la fondation elle-même de la Meunerie, je demande si en l'état actuel de la concurrence, il serait possible qu'une meunerie ayant comme clients les coopératives seulement pour la farine, pourrait vivre. Permettez-moi de vous dire immédiatement : non.

Le camarade Sohier est venu dire : Nous irons trouver les producteurs et nous leur dirons: « Nous achèterons votre production à un prix de... » suffisamment rémunérateur pour qu'ils puissent vivre. Malheureusement, en France, le paysan ne vit plus que chichement, ce n'est pas une appréciation mais une réalité. Les statistiques nous démontrent d'abord chaque jour à quelles conditions se vend le blé. Par conséquent, lorsque nous voudrons faire vivre le paysan avec notre meunerie, nous paierons la farine à un prix plus élevé qu'actuellement, étant donnée la spéculation qui règne sur cet article. Je ne crois pas exagérer en disant que c'est grâce à cette spéculation que certains meuniers arrivent à livrer leurs marchandises à des prix inférieurs à ceux de leurs confrères. Il résulterait donc de ceci : c'est que si nous voulons acheter aux producteurs français et aider le paysan à écouler sa marchandise à des prix rémunérateurs, neuf fois sur dix, on paierait plus cher. Or, le jour où nous fabriquerons du pain et que nous serons obligés de le vendre à un prix plus élevé que les boulangers, ce sera fini des coopératives, parce que les coopérateurs iront se fournir aux boulangeries ordinaires.

Une autre objection se présente, c'est celle qui consiste à dire que les producteurs devront reprendre une partie des issues qui proviendront de la farine ; ils en prendraient un dixième, il en resterait donc neuf dixièmes.

En outre, les coopératives emploient seulement la première qualité de farine ; les 2e, 3e, 4e qualités ne sont pas prises et elles forment d'après le rapport de notre camarade Sohier, une quantité importante.

Il est évident qu'étant donnée la concurrence actuelle, on ferait tous ses efforts pour arriver à vendre aux particuliers, ce que nous n'emploierions pas, mais on nous ferait une concurrence acharnée et nous perdrions de l'argent.

Voilà donc les grosses difficultés qui se présentent aujourd'hui, tant au point de vue théorique que pratique pour la construction d'une minoterie ; je ne crois pas qu'en l'état actuel, nous puissions les surmonter.

Nous ne pouvons pas lutter par tous les moyens possibles contre les capitalistes qui nous font une guerre acharnée et nous sommes obligés d'évoluer dans le milieu que nous vivons et nous rendre compte de la situation qui nous serait faite si nous voulions lutter contre la concurrence des gros capitalistes.

La production des Indes, de l'Amérique, augmente chaque année les droits protecteurs qui existent actuellement sur les grains qui ont été établis pour que le paysan arrive, non pas à pouvoir vendre son blé à un prix rémunérateur, mais pour lui permettre seulement de vivre, ce qui ne l'empêche pas, certaines années, de perdre de l'argent sur la marchandise qu'il vend.

Pour ces motifs, je crois que l'établissement d'une minoterie coopérative ne serait pas pratique. Nous aurions une autre difficulté considérable, ce serait celle de la vente de nos propres produits qui ne seraient pas pris par nos coopératives et nous aurions les difficultés de l'organisation de la société et un gros capital à trouver que les coopératives ne voudraient pas fournir.

Voilà les quelques observations que j'avais à faire en ajoutant que quelque désir que nous ayions d'arriver à la fabrication de la marchandise qui se consomme par les ouvriers, il n'est pas possible, dans l'état actuel des choses, de créer une minoterie.

Citoyen **Ivo Van Vaerebeke**, de la *Paix*, de Roubaix.— Nous sommes bien placés à Roubaix, pour juger cette situation puisqu'il existe une minoterie.

Comme l'a dit le citoyen Wellhoff, on ne se sert dans la consommation que de deux sortes de farine ; au surplus, la minoterie ne produisant pas en grande quantité, le prix de revient est plus cher et nous ne retirons pas de bénéfices de son exploitation.

De l'avis même des membres de cette société, il ressort que si elle avait envisagé toutes les difficultés qu'elle rencontre journellement sur son chemin, elle n'aurait jamais fait cette tentative. En effet, elle est en train de se ruiner et c'est cependant une des plus vieilles sociétés de Roubaix, puisqu'elle a vingt ans d'existence.

Citoyen **Delory.** — Je ne sais pas si le Congrès devra prendre une résolution sur cette question qui est loin d'avoir été étudiée par tous d'aussi près que par le camarade Sohier. Je demande que si elle doit revenir dans un autre Congrès, celui-ci nomme une commission d'études. Pour faire cette observation, je m'appuie sur ce que me disait précisément ici hier un camarade belge : « Vous avez, dans votre ordre du jour, une question excessivement importante et délicate qui a déjà été agitée en Belgique et qui a toujours été remise, car, quels que soient les efforts des coopératives appartenant à la même organisation, nous ne croyons pas que la question soit suffisamment mûre pour l'aborder. »

Par conséquent, si les Belges qui ont de multiples coopératives ayant une consommation de pain énorme et qui, d'autre part, sont toutes fédérées, hésitent à aborder cette question, je considère que nous devons hésiter encore plus. En tous cas, si le Congrès était d'avis de ne pas rejeter purement et simplement la question, je demande qu'il n'aille pas plus loin que la nomination d'une commission chargée d'étudier cette question de plus près et de s'informer auprès des camarades Belges des raisons les ayant guidés dans leur décision.

Citoyen Sohier. — Nous n'avons peut-être pas envisagé suffisamment, dans le rapport, le côté pratique, mais nous avons fait un travail que nous avons présenté. Le citoyen Wellhoff, lui-même, a demandé de renvoyer cette question à l'étude et si nous la présentons ici sous forme de projet, c'est afin de permettre aux camarades des différentes localités de la France, de retour chez eux, de pouvoir l'étudier plus à fond s'ils le veulent.

La région du Nord serait bien placée pour cela, puisque nous sommes très forts en boulangerie.

Je ne pense pas que le Congrès sera hostile à l'étude du projet et je demande, comme Delory, que la Commission qui en sera chargée s'entoure de tous les renseignements possibles et, si elle juge dans la pratique impossible l'établissement d'une minoterie, je ne ferai aucune opposition à ses objections.

Citoyen Landrieux. — Je n'ai pu entendre la lecture du rapport appelé précisément par le Directeur du Moulin de Newcastle, mais d'après ce que viennent de dire les camarades Delory et Sohier, je comprends que l'établissement d'une minoterie a été repoussé et qu'une commission sera chargée d'étudier la question plus à fond.

Les camarades anglais ayant obtenu un superbe résultat, puisqu'ils font aujourd'hui 1.000 tonnes de farine par semaine, je demande que la Commission s'informe auprès d'eux des moyens pour arriver à ce but, tout en demandant également aux camarades belges les difficultés qu'ils ont rencontrées dans la même voie.

La Commission aurait donc à faire connaître les difficultés rencontrées en Belgique et les raisons de la réussite actuelle en Angleterre.

Citoyen Wellhoff. — Je demande qu'on veuille bien, en insérant le rapport, aviser toutes les Coopératives qui en auront connaissance de faire parvenir les observations qui leur feraient refuser ce rapport. En outre, nous pourrions charger notre camarade Landrieux de faire le rapport à notre prochain Congrès en s'entourant de tous les renseignements nécessaires, puis ensuite nous examinerions utilement la question.

Citoyen Marie. — Nous ne sommes pas organisés pour cela. A Paris, dans les Coopératives parisiennes, en effet, le pain est considéré comme de peu d'importance et je pense, camarades du Nord, que vous seriez beaucoup mieux placés que nous pour fournir à Landrieux les renseignements nécessaires, c'est pourquoi il ne faudrait pas renvoyer l'étude nécessaire à la Bourse des Coopératives.

Citoyen **Landrieux**. — Il serait plus régulier de demander à la Bourse de désigner une Commission et nous trouverions à Paris des camarades trop heureux de pouvoir se joindre à la Commission pour exécuter le travail nécessaire. A Levallois-Perret et à la boulangerie coopérative nous en rencontrerions certainement.

J'aimerais autant que la Commission se tienne dans le Nord, parce que les relations sont plus faciles avec la Belgique et où les coopératives sont principalement pour la boulangerie.

Citoyen **Marie**. — Si la Commission était composée uniquement de parisiens, on ne ferait pas un travail assez parfait.

Citoyen **Landrieux**. — On pourrait communiquer avec les camarades du Nord.

On décide que la Bourse à Paris sera chargée du rapport et s'entourera de renseignements auprès des camarades du Nord.

L'ordre du jour est épuisé, mais avant de lever la séance, le citoyen Lucas donne lecture d'une protestation contre l'application illégale de la licence aux Coopératives ne vendant qu'à leurs membres.

ORDRE DU JOUR :

Les délégués des Sociétés coopératives de France réunis à Lille en Congrès National, les 29, 30 Septembre et 1er Octobre ;

Protestent contre la licence appliquée illégalement aux Sociétés coopératives répartissant les produits à leurs Sociétaires, invitent les députés socialistes à interpeller le Ministre des Finances, à seule fin de faire retirer cette licence qui ne peut s'appliquer qu'aux commerçants et non aux Coopératives.

A. LUCAS,
Délégué de l'Alliance du XVIIe arrondissement.

Citoyen **Delory**. — On pourrait donner satisfaction aux camarades en faisant la proposition dans ce sens :

Le Congrès proteste contre certaines chinoiseries administratives qui veulent que le fisc impose les licences aux Coopératives, alors que la loi les a mises en dehors de cette perception.

Citoyen **Wellhoff**. — Remarquez que la licence pour les Coopératives n'est pas inscrite dans la loi des Finances. Au moment où l'on a décidé l'application dernière de la loi des Finances pour les nouvelles licences, le Ministre des Finances a été interpellé par Georges Berry en ce sens: « Appliquerez-vous la licence aux Coopératives? »

Et le Ministre a répondu : « Naturellement ». C'est là-dessus que les contributions marchent.

Personnellement, je suis partisan de la patente et de la licence pour que les Coopératives puissent se mouv 'l'une façon plus large et que des pièges ne leur soient pas dre... pour dire qu'elles vendent à d'autres consommateurs.

On pourrait donner satisfaction à notre ami en introduisant quelques mots dans l'ordre du jour : « Ne vendant qu'à leurs propres membres. »

L'ordre du jour est ainsi arrêté :

Les délégués des Sociétés coopératives de France, réunis à Lille, en Congrès National les 29, 30 Septembre et 1er Octobre, protestent contre a licence appliquée illégalement aux Sociétés coopératives, ne vendant des produits qu'à leurs propres membres, invitent les députés socialistes à interpeller le Ministre des Finances à l'effet de faire retirer cette icence, qui ne peut s'appliquer qu'aux commerçants et non aux Coopératives.

L'ordre du jour étant épuisé, le citoyen Bouveri se félicite, au nom de tous les délégués, de l'œuvre faite dans ce Congrès. Il les félicite de l'assiduité qu'ils y ont montrée et des nombreux rapports qui ont été lus, desquels se dégage un sentiment de solidarité tous les jours mieux compris. « Chacun de nos Congrès, dit-il, apporte une nouvelle pierre à l'édifice social que nous voulons élever sur celui vermoulu et existant actuellement » ; et il lève la séance au cri de : « Vive la Sociale !.. »